¿QUÉ DICE LA GENTE ACERCA DE *EN LA BRECHA*...?

Si desea ser una persona que se levanta por la justicia, que va a los valles más oscuros para ser la luz y la voz de la verdad, entonces lea *En la Brecha*. El pastor Choco nos inspira con poderosos ejemplos de personas que a través de la historia han sido líderes de la Brecha.

— Mark Batterson, autor de éxito reconocido por el *New York Times* y pastor principal *de la National Community Church, en Washington, D.C.*

El la Brecha es mucho más que un libro inspirador acerca de cómo marcar una diferencia. Es ideal para que lo usen los pastores en campañas a nivel de toda la iglesia, y también para clases o reuniones de grupos pequeños. Cada uno de sus capítulos, de manera cautivadora y novedosa, identifica a los personajes de la Biblia con los desafíos de hoy. La auto evaluación, las preguntas para comentar y el DVD le ofrecen otros usos prácticos adicionales. ¡Se trata de otra obra triunfadora del pastor Choco!

— Warren Bird, coautor de veintiséis libros sobre el ministerio, entre ellos *Better Together: Making Church Mergers Work*

Este libro del pastor Choco es poderoso. Nos desafía y nos fortalece con el fin de que nos paremos en la brecha por nuestras generaciones y comunidades. El pastor Choco reúne de manera única las cualidades necesarias para hablar de este tema vital, porque él literalmente se ha parado en la brecha por su comunidad y por la nación, y finalmente, se ha parado en la brecha por el reino de Dios. Le recomiendo el libro del pastor Choco. ¡Cuando lo lea, se sentirá fortalecido para ponerse en la brecha, como me sucedió a mí cuando tuve un encuentro con el pastor Choco!

— Russell Evans, pastor principal en Melbourne, Australia

En la Brecha es un valiente y atrevido reto a mantenernos fortalecidos y ver la obra de Dios. A través de la vida de grandes héroes de la Biblia, Wilfredo de Jesús nos desafía a vivir valerosamente en nuestro tiempo. Si lo que necesita es fortaleza, valentía o fe, lea este libro. ¡Es imposible leer *En la Brecha* sin sentirse inspirado a llevar una vida más valiente para Dios!

— Dave Ferguson, pastor principal de la Community Christian Church, en Chicago, Illinois

Este libro señala una gran necesidad: muestra cuál es la manera en que Dios nos quiere usar y preparar para que seamos hombres y mujeres que nos paremos en la brecha a favor de los más vulnerables de nuestra sociedad. Este concepto es de máxima importancia si realmente queremos ser como Jesús. Si nuestras comunidades nos oyen proclamar sus buenas nuevas, necesitan además ver esas buenas nuevas en acción. Y nadie está en mejor situación para enseñarnos cómo hacerlo, que mi amigo, el pastor Choco. *En la Brecha* revela el corazón del ministerio de Choco, que es en realidad el corazón del ministerio de Jesús.

— Dr. Tim Harlow, pastor principal de la Parkview Christian Church, en Orland Park, Illinois

En una generación hay unas pocas voces que tienen una autoridad auténtica para convocar a la acción al ejército del Señor. El pastor Wilfredo de Jesús es una de esas voces. En su nuevo libro, *En la Brecha*, De Jesús nos lleva a los creyentes a ponernos en pie y mantenernos firmes. Este mensaje inspira e instruye; reta y remece, encuentra y da aliento. Es lectura obligatoria para todo aquel que esté decidido a marcar una diferencia en el mundo.

— Dr. Chris Hill, pastor principal, The Potter's House, en Denver, Colorado

Nuestro mundo está repleto de "brechas": lugares de debilidad y de vulnerabilidad en los que nosotros nos debemos parar a favor de la gente necesitada y las causas dignas. El pastor Choco nos recuerda a los cristianos el llamado a pararnos en esas brechas. Analiza cuáles son los rasgos de la "gente de brechas", sosteniendo ante nosotros un espejo para que nos examinemos. Este libro presenta a la Iglesia un desafío muy necesitado, animándonos a mantenernos firmemente en Cristo mientras nos situamos amorosamente en la brecha.

— Justin Lathrop, director de Relaciones Estratégicas, Asambleas de Dios

El pastor Choco es un hombre de Dios que ha vivido personalmente lo que significa ponerse en la brecha a favor de los demás. Este libro será para usted un reto y una inspiración a que mire a su alrededor y marque una diferencia.

— Pastor Clemente Maldonado, superintendente, Distrito Latino del Medio Oeste de las Asambleas de Dios

Todo soñador tiene un sueño para los demás. Comienza con una semilla que prospera hasta convertirse en una cosecha. Choco de Jesús es un soñador que siempre ha estado dispuesto a pararse en la brecha. En este excelente libro, Choco nos revela su estrategia de toda la vida, que ha sido su distintivo. ¡Si quiere que se cumplan sus sueños, este libro es para usted!

— Obed Martínez, pastor principal de la Destiny Church, Indio, California

La Iglesia está llamada a ser las manos y los pies del Evangelio en este mundo destrozado. En su nuevo libro, Wilfredo de Jesús, mi amigo y compañero en el pastorado, desafía al pueblo de Dios a ponerse en la brecha entre la desesperanza y el gozo en nuestras comunidades. ¡Necesitamos escuchar este mensaje, para después convertirlo en realidad!

— Miles McPherson, pastor principal, The Rock Church, San Diego, y autor de *God in the Mirror: Discovering Who You Were Created to Be*

En la Brecha es un profundo mensaje, escrito para responder al clamor creciente que hay *dentro de nosotros* para causar un impacto en la adolorida sociedad que tenemos a *nuestro alrededor*. Wilfredo de Jesús expone con claridad e inspiración, basado en las Escrituras, las claves necesarias para responder ante las brechas evidentes en los rostros y las familias de los Estados Unidos y del mundo. Más que un libro, *En la Brecha* es la proclamación escrita de la causa con la cual todos hemos sido llamados a identificarnos.

— Sergio de la Mora, pastor principal de la Cornerstone Church, San Diego, California

El libro que tiene en las manos le enseñará, inspirará y ayudará a ponerse en la brecha a favor de alguien. El pastor Choco le puede enseñar a hacerlo, porque él personalmente ha levantado un ejército de personas en Chicago para ponerse en la brecha por los que sufren. Usted está a punto de transformar la vida de alguien. ¡Está a punto de convertirse en un campeón entre los que se saben parar en la brecha!

— Stephan K. Munsey, PhD, pastor principal del Family Christian Center, Munster, Indiana

El pastor Choco lanza un llamado de atención para que todos nos paremos "en la brecha" a favor de los necesitados que nos rodean. Ciertamente, este libro le dará información, pero también lo inspirará para que sea la persona que Jesús ha destinado a ponerse en la brecha por los demás. Jesús pagó el precio por nosotros, y nos ha dado su Espíritu. Ha llegado la hora de que nosotros nos paremos en la brecha a favor de los necesitados.

— Benny Pérez, pastor principal de The Church at South Las Vegas, en Henderson, Nevada

Radical, revolucionario, innovador, ungido, y pionero son las palabras que yo uso para describir al pastor Wilfredo "Choco" de Jesús. Su nuevo libro refleja todas estas cualidades. *En la Brecha* lo desafiará e inspirará para que se salga de su zona de comodidad, reorganice sus prioridades, adopte una posición radical a favor de los menos afortunados, y sea creativo con unas ideas innovadoras que le sirvan para alcanzar a las personas que sufren en su comunidad.

— Rvdo. J. R. Rodríguez, superintendente, Distrito Hispano de Texas y Luisiana de las Asambleas de Dios

En su nuevo libro, *En la Brecha,* el Pastor Choco presenta una proposición bíblica que le da a su lector las herramientas necesarias para llenar con gracia, esperanza y amor esas zonas que hay dentro de nosotros y a nuestro alrededor que han quedado vacías por causa del pecado, el quebranto de los corazones, la apatía y el relativismo. ¡Ciertamente, este libro es de lectura obligada!

— Rvdo. Samuel Rodríguez, presidente de la Conferencia Hispana Nacional de Líderes Cristianos

Choco de Jesús es un poderoso vocero de Dios que desafía a su pueblo a luchar a favor de los demás. A diferencia de todas las demás personas que conozco, él mismo sirve de modelo en cuanto a este rasgo en su propia vida, con la valentía, la fe y la fortaleza interior que da Dios. Ahora ha escrito un libro que lo animará a usted a hacer lo mismo. ¡Lea hoy *En la Brecha,* y prepárese para recibir un serio desafío!

— Stovall Weems, pastor principal de la Celebration Church, en Jacksonville, Florida

Me emociona la lectura del nuevo libro del pastor Wilfredo (Choco) de Jesús, *En la Brecha.* Choco no solo es un amigo muy estimado, sino también una persona a la cual imitar y de la cual obtener continuamente profundidad y fortaleza espiritual. Cuando usted lea este libro, sé que Jesús estará extendiendo su brazo desde el cielo para tomarlo hoy mismo de la mano. Con mucha frecuencia, Él usa a alguien que se pare en la brecha, y lo pueda tocar a Él al mismo tiempo que se extiende hacia los demás para rescatar a quienes están demasiado débiles para alcanzarlo por sus propias fuerzas. Este libro lo ayudará a ponerse en la brecha a favor de los que necesitan a Jesús.

— Rich Wilkerson, pastor principal de la Trinity Church, en Miami, Florida

En la Brecha es la expresión de un líder visionario que influye en los demás y los inspira a vivir y morir por la visión que Dios les ha dado.

— Edwin Álvarez, pastor de la Comunidad Apostólica Hosanna, en la ciudad de Panamá, Panamá

En la actualidad, son demasiados los cristianos que buscan una vida de comodidad y tranquilidad. Sin embargo, seguir a Jesucristo significa ministrar a otros "en la brecha"; es decir, en los lugares de debilidad, vulnerabilidad y peligro. En este libro, el pastor Choco destaca a nueve héroes de la Biblia, para enseñarnos a cada uno de nosotros cómo podemos convertirnos en "personas de la brecha". Recomiendo altamente este libro.

— George O Wood, Superintendente General de las Asambleas de Dios de E.U.A., Springfield, Missouri

Me entusiasma grandemente el libro *En la Brecha*, del pastor Choco. Le dará una visión nueva que lo llevará a alcanzar a los pobres, los olvidados, y los oprimidos de su comunidad. En él hallará los pasos prácticos para cuidar de "los más pequeños de estos", al mismo tiempo que tiene un nuevo encuentro con el corazón del Evangelio. El pastor Choco se ha parado en la brecha a favor de su ciudad; ¡aprendamos nosotros ahora de este experto, y sigamos su ejemplo para cuidar de las personas que forman nuestras comunidades!

— Rob Ketterling, pastor principal de la River Valley Church, Apple Valley, Minnesota, y autor de *Change Before You Have To*

EN LA BRECHA

TIME 100
LÍDERES MÁS INFLUYENTES

WILFREDO
DE JESÚS

QUÉ SUCEDE CUANDO EL PUEBLO
DE DIOS SE MANTIENE FIRME

Influence
RESOURCES®

Publicado por Influence Resources
1445 N. Boonville Ave.
Springfield, Missouri 65802
www.influenceresources.com

Portada por Beyond Creative
Diseño interior y formato por Anne McLaughlin
Traducción por Larisa Grams-Benitez

ISBN: 978-1-93830-992-2
17 16 15 14 • 1 2 3 4 5

Impreso en los Estados Unidos de América

Nota: En algunos relatos se han cambiado los nombres y detalles para proteger la anonimidad de las personas.

Quiero dedicar este libro a la mujer que ha estado conmigo más tiempo que mi propia madre. Sí, ella es Elizabeth, mi encantadora esposa. En mi vida y en mi familia, ella es la silenciosa fuerza que se mueve detrás del escenario, para asegurar que todo marche a la perfección.

Durante treinta y cinco años, Elizabeth ha dirigido millares de cultos de adoración, cuando su padre era el pastor, y ahora que yo soy el pastor de la iglesia. Se ha puesto en la brecha para que la adoración sea real, y ha adiestrado a muchos líderes de adoración a través de los años. Elizabeth se ha tomado de la mano de Dios y lo ha adorado en espíritu y en verdad. Ella considera que la adoración no es una actuación. Dirige con el corazón; adora tal como Dios quiso que lo hiciéramos cuando nos creó.

Elizabeth, gracias por tu pureza; gracias por mantenerte firme; gracias por compartir tu voz; gracias por poner tu corazón en la adoración, y gracias por ser mi esposa y mi amiga... Te amo, mi amor.

ÍNDICE

RECONOCIMIENTOS

En primer lugar, quiero reconocer a mi Padre celestial por el amor incondicional y la paciencia que ha tenido conmigo. A Él le dedico mi vida. Le estaré agradecido por siempre por haberme confiado a su esposa y por haberme proporcionado la valentía y la fortaleza que necesito para pararme en la brecha por ella. Te amo, Padre.

Quiero expresar mi más sentida gratitud al personal de nuestra iglesia, a la junta, y los ancianos que nos dan aliento y fortaleza, y nos cubren con sus oraciones a mí y a mi familia. Son ustedes los que hacen que yo siga adelante, y soñando en grande. Les agradezco con sinceridad su dedicación y el que se hayan comprometido a servir al Señor. Les estaré siempre agradecido por su amor y su apoyo.

Mi gratitud también para ustedes, los miembros de la iglesia New Life Covenant y la generación más joven, que están aprendiendo lo que significa ser líderes en la brecha. Considero un privilegio y un honor ser su pastor. Ustedes son la iglesia más maravillosa del mundo. Los amo a todos.

Para *Influence Resources*, en especial Sol y Wini Arledge, así como Steve y Susan Blount, mi gratitud por animarme a dar de nuevo un paso de fe y dedicarme a preparar este libro. A mi amigo y escritor, Pat Springle, quien trabajó incansablemente para sacar el libro de mi corazón, mi gratitud por su maravilloso don.

Quiero reconocer a Efraín, Rico, Deacon, Snake, Dino e Izzy, mis hermanos en Cristo, quienes se han puesto junto conmigo en la brecha en nuestra ciudad, y aún siguen parados junto a mí. Su lealtad y su amistad significan todo un mundo para mí. Gracias.

Por último, quiero reconocer a mi familia, que ha sido una gran bendición para Elizabeth y para mí, y que también se ha parado en la brecha conmigo en la ciudad de Chicago. A mi maravillosa esposa Elizabeth y a nuestros tres hermosos hijos, Alexandria, Yesenia, Wilfredo Jr. y mi yerno Anthony, gracias por compartir sus dones y talentos con el cuerpo de Cristo. Les estoy más que agradecido por su amor y su apoyo. Ustedes son mi gozo más grande. Los amo mucho.

INTRODUCCIÓN

Brechas a nuestro alrededor

"Y busqué entre ellos hombre que hiciese vallado y que se pusiese en la brecha delante de mí, a favor de la tierra, para que yo no la destruyese; y no lo hallé" (Ezequiel 22:30).

Por definición, una brecha es un lugar de debilidad, vulnerabilidad, y peligro. Es un lugar sin defensas donde estamos expuestos y limitados; un punto en el cual las personas enfrentan amenazas reales. Encontramos brechas en nuestra nación, en nuestra comunidad, y también en nuestro hogar, dentro de nuestra familia.

En septiembre de 1939, el ejército alemán lanzó un ataque contra la vecina nación de Polonia. Su estrategia fue revolucionaria en la historia de las guerras... y los efectos fueron devastadores. Los Panzers (tanques alemanes) abrieron una brecha en la muralla de defensa del ejército polaco. Después, los tanques, la artillería y la infantería entraron en oleadas a través de *esa brecha* y atacaron a los defensores por los flancos y desde la retaguardia. La ferocidad del ataque fue repentina y eficaz, e históricamente se conoce como Blitzkrieg, guerra relámpago.

Cuando un enemigo ataca las brechas que hay en nuestra vida, nos atropella y nos deja sin esperanza alguna, de no ser por la gracia de Dios y por la intervención de su mano divina. Cuando leemos las Escrituras, vemos cómo Moisés se mantuvo en la brecha por su pueblo. En incontables ocasiones le suplicó a Dios que tuviera misericordia de sus seguidores, tan rebeldes y tan llenos de dudas. En momentos críticos, cuando el futuro del pueblo de Dios estaba en la balanza, Moisés se presentó ante Dios a favor de ellos y los exhortó a seguir a Dios fielmente y de todo corazón.

Siglos después, alrededor del año 590 a.C., el pueblo de Dios estaba en una situación de debilidad, vulnerabilidad, y peligro. El poderoso imperio babilónico amenazaba con atacar a Jerusalén y destruir Judá. Los líderes políticos judíos estaban aterrados, y se volvieron contra su propio pueblo. La élite religiosa aprovechó ese caos para afianzar su poder. Le mintió al pueblo, y la gente cometió toda clase de crímenes. Los pobres, los necesitados y los inmigrantes eran maltratados. Hasta el clima era causa de sufrimientos y calamidades. Al parecer, el pueblo de Dios enfrentaba una crisis generalizada. En este caos, Dios buscó a alguien en quien confiar; alguien dispuesto a mantenerse firme y representar su poder, su sabiduría y su amor. El pueblo de Dios necesitaba con urgencia alguien que se levantara en su defensa. Lamentablemente, Dios tuvo que informar:

> "Y busqué entre ellos hombre que hiciese vallado y que se pusiese en la brecha delante de mí, a favor de

la tierra, para que yo no la destruyese; y no lo hallé" (Ezequiel 22:30).

En muchos sentidos, después de dos milenios y medio nada ha cambiado. El pueblo sigue sufriendo, y Dios sigue buscando hombres y mujeres que se pongan en la brecha a favor de su hogar, su vecindario, su ciudad y poblado, su país, y cada uno de los rincones del mundo. Todo lo que nos informan las noticias es que el pueblo está en problemas. Es débil y vulnerable, y está en peligro. Si no hay nadie que se ponga en la brecha por él, todo terminará en una catástrofe. En muchos casos ya se han producido una serie de catástrofes, y la brecha es ahora mucho más grande.

Éste no es un problema de blanco o negro, ni tampoco un problema socioeconómico. No es una situación que afecte a solo algunos de nosotros, sino a todos. Afecta nuestras esperanzas y nuestros temores más profundos. La brecha se ha convertido en:

— un hijo pródigo,
— un cónyuge infiel,
— un pariente abusador,
— un adicto que está fuera de control,
— la mentira, el robo, y el engaño,
— la promiscuidad sexual,
— padres que han perdido la esperanza respecto a sus hijos,
— vecinos (incluso miembros de iglesia) que se odian y envenenan sus comunidades,
— pandillas, violencia, y otros crímenes,

— los ancianos que son olvidados y menospreciados,
— hijos que crecen sin aprender a leer,
— pobreza por la falta de preparación y de habilidades,
— el colapso social, que da cabida al tráfico humano, al ataque a la santidad del matrimonio, al racismo, a los inmigrantes que se pierden en el sistema, a las prostitutas y otras personas que han tomado pésimas decisiones y se sienten muy lejos de la bondad de Dios.

¿Reconoce que está rodeado de algunas de estas brechas en este mismo momento? Es posible que usted se haya protegido de muchas de ellas y también a su familia, pero todos estos problemas que amenazan la vida misma los encontramos a solo minutos de distancia, y muchos de nosotros vivimos en medio de esas dificultades a diario, y durante todo el día.

En nuestro mundo se han abierto brechas inmensas. ¿Nos damos cuenta de esto por lo menos? ¿Nos importa? Dios nos pregunta: "¿Estás dispuesto a ponerte en la brecha por estas personas? ¿Estás dispuesto a ponerte en la brecha en mi nombre y para mi gloria?"

¿Cómo es una "persona que se pone en la brecha"? ¿Cuál es la clase de persona que Dios busca, el tipo de hombre o de mujer, joven o mayor, que entiende el problema y tiene la valentía de dar un paso decisivo? Dios no está buscando personas que no sientan miedo. Está buscando personas que se levanten a pesar de su miedo y se paren en la brecha para sostener a los necesitados.

La Biblia usa una expresión hebrea para describir a la clase de persona que se pone en la brecha por otros: *ish habinayim*. *Ish* significa "hombre"; *ishá* significa "mujer". *Habinayim* significa "alguien que se sitúa entre los dos campos en lucha y pelea solo".[1] El esfuerzo que esto significa es el de abrirse paso o salir repentinamente, como el niño que sale del vientre materno; atravesar, abrir para pasar, o destruir los límites de una fortaleza. Por tanto, un *ish* (o *ishá*) *habinayim* es alguien que es campeón de una causa, una persona que protege o apoya a alguien necesitado; un hombre o una mujer que encuentra el valor suficiente para sacrificar todo con el fin de representar a Dios y detener la maldad e impedir que destruya a quienes ama.

Cuando estudiamos las Escrituras y la historia del pueblo de Dios, encontramos por lo menos nueve rasgos que caracterizan a la "gente de la brecha". En la Biblia encontramos personas determinadas que son ejemplo de cada uno de esos rasgos:

- Nehemías identificó un problema que debía resolver,
- Ester entendió sus tiempos,
- Noé se "dedicó completamente a su tarea", sin vacilar el costo,
- David fue ungido por Dios para cumplir su función,
- Bernabé pudo ver el potencial escondido,
- Juan el Bautista estuvo dispuesto a enfrentar riesgos,
- Gedeón fue sensible a la voz de Dios,
- Débora fue conocida por su sabiduría y fortaleza, y
- Caleb tuvo "un espíritu diferente."

Las "esporádicas obras de bondad" son maravillosas, pero la mayoría de las personas necesitadas tienen problemas complejos que no se resuelven con facilidad ni rapidez.

Todos nosotros tenemos el privilegio y la responsabilidad de ponernos en la brecha a favor de quienes nos rodean. Sin embargo, el amor, la valentía, y la tenacidad no surgen de la nada. Miremos a Jesús. Juan el Bautista dijo a quienes estaban con él: "He aquí el Cordero de Dios, que quita el pecado del mundo" (Juan 1:29). Cuando lo miramos, y vemos la maravilla de su inmenso poder y su inagotable amor, nuestro corazón se transforma. El mensaje del Evangelio nunca nos cansará. Cuando éramos débiles y vulnerables, y estábamos en peligro, Jesús se desprendió de la comodidad y la gloria del cielo, para dar, no solo su tiempo, sino también su vida, por ti y por mí. No se limitó a poner en riesgo su reputación, sino que derramó su sangre por nosotros. Éramos pecadores quebrantados, pero Jesús nos amó de tal manera, que dio todo a fin de pagar el rescate y traernos de vuelta a Dios; de vuelta al hogar.

Es muy posible que las personas que se encuentran en una necesidad desesperada no tengan nada que ofrecer a cambio de nuestra ayuda. Así es como Jesús nos ama, incondicionalmente, y así debemos nosotros amar a los necesitados. El relato de Jesús sobre el Buen Samaritano nos muestra el significado de ponerse en la brecha a favor de alguien. Es necesario que lo notemos; que veamos las necesidades de los demás: tanto espirituales como físicas, sociales y emocionales. Es necesario que nuestro corazón sea lo suficientemente tierno como para sentir el dolor de los demás, y al mismo tiempo, lo suficientemente fuerte como para interesarse en ellos. La compasión es uno de los rasgos de la persona que se pone en la brecha. Y, como el Buen Samaritano, necesitamos un plan. Las "esporádicas obras de bondad" son maravillosas, pero la mayoría de las personas necesitadas tienen problemas complejos que no se resuelven con facilidad ni rapidez. La palabra *compasión* significa "con pasión". Fácilmente podemos mostrar pasión en algunas cosas que hacemos, como nuestra carrera, nuestros estudios o incluso nuestras diversiones, pero ¿qué pasión mostramos en nuestro trato con los más pobres? Cuando nos encontramos con personas que sufren y luchan, debemos resistir la tentación de pasar al otro lado del camino y seguir adelante, sencillamente porque "no es mi problema". Necesitamos tener suficiente pasión como para acercarnos a la persona y ayudarla.

El relato del buen samaritano dejó estupefactos a muchos de los que escucharon a Jesús aquel día. Era inconcebible que un extranjero, y los judíos despreciaban a los samaritanos, hiciera tal extraordinario esfuerzo para atender a un judío que había sido atacado por ladrones. Y, por supuesto, Jesús es el buen samaritano por excelencia. Era extranjero, no de otra nación, sino de otra esfera de la realidad. Dejó la gloria del cielo para venir a la tierra; cuidó de los desvalidos y sin esperanza, y pagó el más alto precio para que tuviéramos libertad, sanidad, y razón de vivir.

Cuando pensemos en la posibilidad de ser personas que se ponen en la brecha, debemos recurrir al amor, el poder, la sabiduría, y el ejemplo de quien se puso en la brecha por nosotros.

¿Por qué vacilamos en cuanto a ponernos en la brecha a favor de los necesitados? Hay muchas razones. No queremos que nadie se aproveche de nosotros. Tenemos nuestras propias prioridades en cuanto a comodidad y placer, y no queremos ser importunados. Tememos que la gente piense que somos seres extraños, si invertimos nuestro tiempo y nuestro corazón en la vida de otros que no nos pueden dar nada a cambio. Tal vez tememos que si nos entregamos a favor de otros, Dios nos dejará vacíos y solos. El egoísmo y el temor; esas son las razones más comunes de que resistamos la idea de ponernos en la brecha a favor de la gente afligida que nos rodea.

Las personas sobre las cuales hablaremos en este libro, y los hombres y mujeres que hoy se ponen en la brecha por su familia y su comunidad, creen en un Dios que posee un maravilloso poder, un profundo amor, y una sabiduría infinita. A pesar de las complejidad de su situación, confían que Dios es más grande, infinitamente mayor, que los problemas que enfrentan las personas. Con un corazón lleno de la bondad y de la fortaleza de Dios, se entregan de lleno a la labor de sanar corazones destrozados, restaurar relaciones, y rescatar las almas de las personas que encuentran desamparadas en el camino de la vida.

Días antes de que fuera traicionado, arrestado, y ejecutado, Jesús explicó lo que significa ser una persona que se pone en la brecha. Habló de lo que sucederá cuando el Hijo del Hombre se siente en su glorioso trono y examine a las personas que tiene ante sí. Un grupo será el de aquellos que vieron a otros en necesidad, con hambre y sed, extranjeros, sin ropa, enfermos y prisioneros, pero no se molestaron en ayudarlos. El otro grupo serán aquellos que se esforzaron para cuidar de los inadaptados y los parias. El Rey se complacerá de ellos, y les dirá:

> "Entonces el Rey dirá a los de su derecha: Venid, benditos de mi Padre, heredad el reino preparado para vosotros desde la fundación del mundo. Porque tuve hambre, y me disteis de comer; tuve sed, y me disteis de beber; fui forastero, y me recogisteis; estuve desnudo, y me cubristeis; enfermo, y me visitasteis; en la cárcel, y vinisteis a mí" (Mateo 25:34–36).

Esto será lo que la gente diga: "Entonces los justos le responderán diciendo: Señor, ¿cuándo te vimos hambriento, y te sustentamos, o sediento, y te dimos de beber? ¿Y cuándo te vimos forastero, y te recogimos, o desnudo, y te cubrimos? ¿O cuándo te vimos enfermo, o en la cárcel, y vinimos a ti?" (Mateo 25:37–39).

"Y respondiendo el Rey, les dirá: De cierto os digo que en cuanto lo hicisteis a uno de estos mis hermanos más pequeños, a mí lo hicisteis" (Mateo 25:40).

La sorprendente verdad que Jesús enseñó es ésta: Cuando nos ponemos en la brecha a favor de la gente desamparada que muchas veces es difícil de amar, Él considera que verdaderamente, nuestra expresión de amor es para Él mismo. ¡Y no hay nada que le complazca más!

Hay muchas buenas motivaciones para ser una persona que se pone en la brecha. Obedecemos el mandato de Dios, Él derrama su Espíritu sobre nosotros, y vemos vidas transformadas. Sin embargo, es posible que la motivación con que más fuerza nos inspira es que cuando ofrendamos nuestra vida a favor de los demás, representamos a Jesús y nos asemejamos a Él, y eso complace a Dios.

En los capítulos de este libro estudiaremos nueve rasgos de las personas que se ponen en la brecha para cuidar de los demás. Al final, usted podrá responder al cuestionario, para ver cuáles son sus puntos fuertes (y tal vez dónde necesita mejorar) como quien se pone en la brecha.

Todos los domingos, antes de sentarnos a escuchar la Palabra de Dios, nosotros hacemos esta confesión de fe y dedicación. Antes de comenzar, hagamos juntos esta misma confesión.

Tu Palabra está escrita en mi mente.
Tu Palabra está escondida en mi corazón.
Tu Palabra es lámpara a mis pies y luz a mi camino.
Te buscaré con todas mis fuerzas.
Hoy decido que viviré conforme a tu Palabra.
Tu Palabra, Señor, es eterna.

¡Que el Dios de la gracia, la sabiduría y el poder lo llene de su Espíritu y le dé el valor necesario para ponerse en la brecha a favor de aquellos que lo rodean!

1

NEHEMÍAS

. . . identificó un problema que había que resolver

"Edificamos, pues, el muro, y toda la muralla fue terminada hasta la mitad de su altura, porque el pueblo tuvo ánimo para trabajar. Pero aconteció que oyendo Sanbalat y Tobías, y los árabes, los amonitas y los de Asdod, que los muros de Jerusalén eran reparados, porque ya los portillos comenzaban a ser cerrados, se encolerizaron mucho" (Nehemías 4:6–7).

El exilio. Esta es una palabra que la mayoría de los habitantes de muchos países no puede entender realmente hoy. Cuando una persona va al exilio, se le arrebata lo más importante: la seguridad, la familiaridad, la comodidad, y las relaciones. Se la erradica de todo aquello que conoce y ama, y se ve forzada a vivir en una tierra extraña. En una era de tránsito rápido y de viajes a nivel mundial, el acceso a otros países es más expedito que nunca antes, pero ir de vacaciones a otro país no tiene nada que ver con el exilio. No podemos siquiera imaginar las condiciones en que se vive en un desolado campamento para refugiados. Esclavizados y separados de todas las redes sociales, los exiliados no tienen agua ni suficiente alimento; no tienen protección de las inclemencias del tiempo, y están expuestos a las dolencias y enfermedades que se producen en barrios excesivamente poblados y con viviendas sucias. Un refugiado desplazado vive en temor y soledad.

Cuando los babilonios derrotaron al reino de Judá en el año 586 a.C., destruyeron el templo de Jerusalén, robaron los vasos de oro del altar, y llevaron a Babilonia la mayor parte de la gente que habían capturado. Estas fueron marchas forzadas. Hay antiguas ilustraciones de hombres y mujeres, que fueron arrastrados por los polvorientos caminos con la nariz atravesada por un anzuelo de pescador. Aunque el sufrimiento físico y emocional fue atroz, la destrucción del templo les rompió el corazón. Durante siglos, el pueblo de Dios había adorado allí, delante de su presencia. Su gloria shekiná había habitado en el lugar santísimo, la parte interior del templo. Todos los días se producían milagros. No importaba de qué parte soplara el viento, porque el humo de los sacrificios siempre subía hacia el cielo. En los campos, Dios les daba una cosecha abundante en el sexto año, de manera que no tuvieran que trabajarlos el año siguiente, que era el año sabático.

Ahora, todo aquello había desaparecido. Jerusalén había sido destruida. El templo había sido demolido y saqueado, y cerca de cincuenta mil de los habitantes del reino fueron forzados al exilio… entre ellos Ezequiel.

Después de muchos años, el pueblo de Dios comenzó a regresar a su tierra. El primer grupo llegó dirigido por Zorobabel y Esdras. Restauraron el altar, los sacrificios, y la adoración a Dios. Unos veinte años más tarde, se edificó y se consagró un nuevo templo. Durante este período, los persas habían conquistado Babilonia. Nehemías fue uno de los judíos que permaneció en Persia. Su historia comienza ciento cuarenta y un años después de la caída de Jerusalén. Él había ascendido a una posición de honra como copero del rey Artajerjes.

AYER Y HOY

Antes de continuar con el relato sobre la valentía de Nehemías, necesitamos entender algo acerca de la cultura antigua y la verdad bíblica que encontramos en el Antiguo Testamento y el Nuevo Testamento. El templo era el lugar donde el cielo se unía con la tierra; el lugar donde Dios habitaba en todo el esplendor de su gloria. La muralla que rodeaba a la ciudad protegía el templo. El pueblo de Dios no podía imaginar que un ejército extranjero que adoraba ídolos destruyera su templo. Pero eso fue lo que sucedió, porque se habían centrado demasiado en ellos mismos, y estaban llenos de dudas, codicia, y temores.

En el mismo momento en que Jesús murió en la cruz, el pesado velo que separaba al lugar santísimo del resto del templo se rasgó de arriba abajo. ¿Por qué es esto significativo? Porque aquella cortina ya no separaba al pueblo de Dios. Gracias al sacrificio supremo de Cristo, la presencia y la gloria de Dios ya no residían solo en un edificio. Aún hoy reside en su pueblo. Una de las verdades más asombrosas del Nuevo Testamento es que usted y yo somos templo del Espíritu Santo. Pablo escribió lo siguiente a los creyentes de Corinto: "¿O ignoráis que vuestro cuerpo es templo del Espíritu Santo, el cual está en vosotros, el cual tenéis de Dios, y que no sois vuestros? Porque habéis sido comprados por precio; glorificad, pues, a Dios en vuestro cuerpo y en vuestro espíritu, los cuales son de Dios" (1 Corintios 6:19,20). ¡Nosotros somos el lugar donde se encuentran el cielo y la tierra! Y necesitamos edificar murallas de protección para defender y conservar la gloria de Dios en nosotros: murallas de integridad, obediencia, fe, esperanza, y amor.

Cuando leemos los sucesos que se produjeron en la vida de Nehemías hace ya tanto tiempo, les podemos encontrar una aplicación concreta en nuestra propia vida. A nuestro alrededor, el enemigo ataca a la gente, pero hay quienes están demasiado absortos con las dudas, la codicia y el temor como para defenderse. Así es como saquea su templo y destruye sus murallas. A veces, no solo sufren los miembros de nuestra familia, también nuestros amigos o nuestros compañeros de trabajo. A veces nosotros mismos sufrimos.

Dios siempre está buscando alguien que se ponga en la brecha. Alrededor de ciento cuarenta y un años después de la caída de Jerusalén a manos de los babilonios, el pueblo de Dios seguía viviendo en medio de la angustia. Era víctima de la injusticia y de los odios raciales. Las murallas de la ciudad estaban en ruinas. Era como vivir en una casa sin paredes que los protegieran de los enemigos y del clima. Fue en ese momento cuando Nehemías respondió al llamado de Dios.

EL INFORME

Nehemías tenía un buen cargo. Era mano derecha del rey... el hombre de confianza, importante, respetado por todos en el reino. Para ese entonces, los judíos que vivían en Persia no eran los que habían sido llevados prisioneros con la nariz atravesada por un anzuelo. Aquello había sucedido mucho antes, muchísimo tiempo atrás, casi tanto como los años que han pasado en los Estados Unidos después de la Guerra de Secesión. Los judíos se habían asentado en Babilonia y en Persia y, al menos unos cuantos de ellos ocupaban puestos de cierta importancia. Los padres de sus tatarabuelos habían sido unos tristes exiliados, pero después de muchos años de vivir allí, se habían asentado por completo en Babilonia.

Nehemías se sentía tan identificado con su posición, como nosotros si tuviéramos una posición prestigiosa dentro en la ciudad o el país. Un día, en Susa, la capital, vio a Hanani, uno de sus hermanos, que acababa de regresar de Judá, que estaba a más de mil doscientos kilómetros de distancia. Nehemías le preguntó cómo iban las cosas en su tierra. Tal vez con la esperanza de que su hermano le dijera: "Todo está tranquilo", o bien "Las cosas marchan bien". No fue así. Le informó que los habitantes de Jerusalén estaban en un grave problema. Los de fuera estaban acosando a los ciudadanos, violando a sus mujeres, y robando al pueblo, pero nadie podía hacer nada para remediar esa situación.

ORÓ

Con la revelación viene la responsabilidad, y a Nehemías aquella noticia le destrozó el corazón. Pero no llegó a conclusiones demasiado rápidas ni procedió de manera impulsiva. Muchos de nosotros vemos la cadena de acontecimientos en el orden equivocado. Para nosotros es algo así como "¡fuego, listos, preparados!" Nehemías tenía el corazón destrozado, pero sabía que necesitaba prepararse antes de actuar.

Lloró, ayunó, y oró durante días. Sencillamente, la precaria situación del pueblo de Dios en su tierra era inaceptable para él. Dios puso en Nehemías un santo descontento; un fuego en sus huesos para que pudiera marcar una diferencia. Su oración no fue un arranque de ira ni de autocompasión. No exigió nada a Dios. Sencillamente centró su corazón en la grandeza y la gracia de Dios. No culpó a "aquella gente" por el problema. Aunque estaba a más de mil kilómetros de distancia, se identificó con el pueblo que estaba sufriendo. Se incluyó él mismo en el grupo que necesitaba el purificador perdón de Dios. Su oración nos enseña tres pasos para presentar humildemente una petición a Dios.

1. Reconoció a Dios (alabanza),
2. Rememoró el pacto que Dios había hecho con su pueblo y lo citó ante Él,
3. Confesó sus pecados y los pecados de su pueblo.

Solo entonces, presentó Nehemías su petición a los pies de Dios:

> "Te ruego, oh Jehová, esté ahora atento tu oído a la oración de tu siervo, y a la oración de tus siervos, quienes desean reverenciar tu nombre; concede ahora buen éxito a tu siervo, y dale gracia delante de aquel varón" (Nehemías 1:11).

Si usted no quiere saber qué está pasando realmente en la vida de una persona, una familia o una comunidad, no haga preguntas. Podría descubrir un problema que hace que la gente se sienta "angustiada y abatida, como ovejas sin pastor". Nehemías nos muestra otro rasgo importante: cuando la angustia de otros nos rompe el corazón, no obre con impulsividad. Obviamente, los peligros inminentes exigen una acción inmediata, pero en la mayoría de los casos, debemos seguir el ejemplo de Nehemías y dedicar un tiempo a asimilar la perspectiva del Padre a través de la oración perseverante. La oración es un arma contra los ataques del enemigo. Es un canal para las increíbles bendiciones de Dios. Nos conecta con el corazón, el poder, y la gracia de Dios. Esta clase de oración no está reservada solo a los santos, misioneros o pastores espirituales. Dios quiere que todos busquemos su rostro. Nehemías no era profeta, sacerdote ni levita. Era un hombre común y corriente, con un corazón que amaba profundamente a Dios. Cuando supo de los muros destruidos y el abuso contra las personas que vivían allí, no siguió su camino como si no le importara, ni buscó un amigo para contarle sus penas, ni tampoco se encogió de hombros en un gesto de impotencia. Mas bien unió las manos en una ferviente oración dirigida al Dios que da sabiduría, esperanza, y poder... el Dios que puede mover montañas... el Dios que puede mover el corazón de un rey pagano.

La oración es un arma contra los ataques del enemigo. Es un canal para las increíbles bendiciones de Dios.

HIZO PLANES

En el caso de Nehemías, la oración fue una preparación para la acción. En la Liga Nacional de Fútbol, el árbitro le dan a los equipos veinticinco segundos después de que termina una jugada, antes de lanzar de nuevo la pelota. Ambos equipos, la ofensiva y la defensiva, usan ese tiempo de reunión para informar cuáles serán las próximas jugadas y llamar al campo a los jugadores que se necesitan. Después, el mariscal de campo y el capitán de la defensa dicen: "¡Rompan!" Ha llegado la hora de la acción. Cada uno de los jugadores sabe que cuando oye la palabra "rompan", se le está llamando a cumplir su deber; se le está llamando a poner en práctica el plan. Todos los pastores, líderes, maestros, y discípulos tienen un llamado similar a la acción. En momentos y lugares concretos, deben ir más allá de sus temores a lo que Dios los ha llamado a hacer. La oración es nuestra hora para reunirnos, de manera que nuestro Entrenador celestial nos indique las jugadas, y nos preparemos para avanzar con valentía. Con mucha frecuencia, las personas piensan que la oración es la meta final, y no la preparación para actuar. Como excusa para evitar las decisiones difíciles, hay personas que me dicen: "Pastor, todavía estoy orando acerca de eso". No me malinterprete. Yo apoyo la oración al cien por ciento. Necesitamos con urgencia conectarnos con la sabiduría y la fortaleza de Dios, de manera que estemos listos para responder a su llamado. Pero eso es lo importante: ¡Dios nos ha llamado a *hacer* algo!

Necesitamos con urgencia conectarnos con la sabiduría y la fortaleza de Dios, de manera que estemos listos para responder a su llamado.

Nehemías oró, y su oración lo guió a su plan. Él sabía que la única persona que tenía la autoridad para proporcionarles los recursos que se necesitaban para reconstruir las murallas de Jerusalén era el rey Artajerjes. Pocos días después, mientras lo atendía, el rey notó la reocupación de Nehemías. Nunca antes había visto a su siervo de confianza en esa condición, de manera que le preguntó: "¿Qué te sucede?"

Nehemías entendió que había llegado el momento de la verdad. Estaba aterrado, pero su temor no lo detuvo. Le respondió con una mezcla de respeto y atrevimiento: "Para siempre viva el rey. ¿Cómo no estará triste mi rostro, cuando la ciudad, casa de los sepulcros de mis padres, está desierta, y sus puertas consumidas por el fuego?" (Nehemías 2:3).

Persia no era una democracia. Artajerjes era el hombre más poderoso y temido de toda la historia. Tenía un poder absoluto sobre su nación y sobre su pueblo. En nuestro país, tenemos reuniones en los ayuntamientos para quejarnos de los funcionarios que hemos elegido, y escribimos o decimos todo lo que queremos acerca de ellos. ¡En la Persia antigua, cualquier indicio de descontento con el rey significaba una muerte inmediata! Nehemías realmente se arriesgó al expresar su preocupación. Para su gran alivio, el rey le respondió: "¿Qué cosa pides?"

En vez de apresurarse a presentar su petición (que es lo que habríamos hecho casi todos nosotros), Nehemías oró en silencio antes de abrir la boca. En aquel momento trascendental, se mantuvo conectado con Dios, que era su fuente y su recurso máximos. Entonces dijo al rey: "Si le place al rey, y tu siervo ha hallado gracia delante de ti, envíame a Judá, a la ciudad de los sepulcros de mis padres, y la reedificaré" (Nehemías 2:5).

El rey le dio a Nehemías todo lo que necesitaba: cartas de salvoconducto para poder viajar, maderos para las vigas de las puertas de las murallas, y tiempo para que pudiera hacer el trabajo. Nehemías comentó: "Y me lo concedió el rey, según la benéfica mano de mi Dios sobre mí" (Nehemías 2:8). Nunca perdió de vista el hecho de que hasta las personas más poderosas del planeta son instrumentos en las manos del Dios todopoderoso.

Hace años, cuando estábamos a punto de salir en un viaje misionero a la República Dominicana, me informaron que en Santo Domingo se necesitaba ambulancias. Estuve con el alcalde de la ciudad de Chicago, el señor Daley, en una conferencia de prensa, y aproveché la oportunidad para hablarle de esa necesidad. Le pregunté si la ciudad podría donar dos ambulancias a este empobrecido país. Para mi sorpresa, en unos pocos días recibí la respuesta de que el alcalde había autorizado la donación de dos ambulancias.

Ahora solo teníamos que buscar la manera de llevarlas a Santo Domingo. Fui nuevamente donde el alcalde y le pedí una carta para atravesar sin dificultad los límites entre los distintos estados. Necesitábamos conducir las ambulancias hasta Miami, donde serían trasportadas en un barco de carga. El alcalde Daley concedió mi petición. Yo vi su respuesta como las Escrituras que cobraban vida. Pedir una carta a un líder de una ciudad importante suponía un riesgo. Pudo sentir que lo importunaba, e incluso podría haber anulado el donativo de las ambulancias. Sin embargo, yo sabía que Dios estaba conmigo, y que a Él le tocaba obrar en el corazón de ese hombre. Yo solo tenía que pedir.

Nehemías entendió una profunda verdad: Si usted está pasando por una gran dificultad, y está listo para emprender una gran obra, entonces necesita el poder de un gran Dios.

Si usted está pasando por una gran dificultad, y está listo para emprender una gran obra, entonces necesita el poder de un gran Dios.

Nehemías es ejemplo "del tipo de persona que se pone en la brecha", que identifica un problema y después traza un plan para resolverlo. No se limitó a solo tener la esperanza de que el problema desapareciera. No se lo impuso a ninguna otra persona. Sentía el peso de la responsabilidad en cuanto a reconstruir las devastadas murallas de la capital de su antigua tierra. Durante sus días de oración y ayuno, Dios le indicó que pidiera al rey todos los recursos que necesitaba. Aunque esta petición era muy sencilla, estaba llena de peligros. Estaba arriesgando su vida y, si fracasaba, el pueblo de Dios seguiría sufriendo ataques e injusticias en Jerusalén.

ACTUÓ

El rey Artajerjes debe haber sentido afecto y confianza hacia su copero Nehemías. No solo le dio todos los recursos que necesitaba para reconstruir los muros en ruinas, sino que también envió con él su caballería como escolta para su protección. Nehemías los guió durante los mil doscientos kilómetros, pero se desviaron varias veces en el viaje, posiblemente hasta el Líbano, con el fin de cortar sus inmensos cedros para sacar de ellos la madera para las puertas de la ciudad.

Imagínese la escena: el hombre que es mano derecha del gobernante más poderoso de la tierra llega a su devastada ciudad con centenares de soldados de la caballería que vestían su mejor uniforme, arrastrando carretas con grandes troncos. ¡Si usted fuera ciudadano de Jerusalén, no sabría qué pensar! Aquel hombre tan cercano al rey, ¿habría venido a oprimirlos o a ayudarlos? ¿Será amigo o enemigo?

Nehemías no le habló a nadie de su visión ni de sus planes. En la oscuridad de la noche, inspeccionó la ciudad y las ruinas de los muros. A caballo y en las tinieblas, examinó los muros del sur para ver en qué condición estaban. Tradicionalmente, Jerusalén había sido atacada desde el norte. Tal vez diera por seguro que las partes de la muralla situadas al norte estarían destruidas por completo. Durante ciento cuarenta años, no habían sido más que montículos de piedras derrumbadas.

Antes de anunciar sus planes y llamar a la gente a actuar, quiso conocer la gravedad del problema. Finalmente, después de tres noches de reconocimiento, convocó a los sacerdotes, a los nobles, los funcionarios y el pueblo. Entonces les dijo: "Vosotros veis el mal en que estamos, que Jerusalén está desierta, y sus puertas consumidas por el fuego; venid, y edifiquemos el muro de Jerusalén, y no estemos más en oprobio" (Nehemías 2:17). Les contó toda la historia del informe de Hanani, su oración, la petición que le hizo al rey y la generosa respuesta del rey. Quería que supieran que no se trataba únicamente de algo que él había soñado. Era idea de Dios, y él era su mensajero y su siervo. Nehemías los estaba invitando a unírsele en una gran obra.

Ellos respondieron: "Levantémonos y edifiquemos" (Nehemías 2:18). Buscaron las herramientas, se pusieron los guantes de trabajo y fueron a Nehemías para que les diera instrucciones.

LOS CONVENCIÓ

Hay gente tan negativa que le puede encontrar faltas hasta a una taza de helado. No le importa las cosas buenas que estén sucediendo a su alrededor, porque son mensajeros de las tinieblas. Tienen un don espiritual: ¡el don del desaliento! Inmediatamente, Sanbalat horonita, Tobías el siervo amonita, y Gesem el árabe comenzaron a burlarse de Nehemías y de los hombres que aceptaron ayudarle a reconstruir las murallas. Esos hombres querían que el pueblo de Dios se mantuviera débil y vulnerable. ¡Eran gente de la brecha, pero no estaban en la brecha, sino que se aprovechaban de ella!

Hicieron una seria acusación contra Nehemías, tan seria que posiblemente estremeció a los trabajadores. Les preguntaron: "¿Os rebeláis contra el rey?"

La traición se castigaba con la muerte... muchas veces una agonía larga, lenta y dolorosa. Puedo imaginar a la gente del pueblo mirándose unos a otros y preguntándose: *Eh, ¿estamos seguros de que este Nehemías tiene permiso para hacer todo esto? Si no... ¡estamos en un serio problema!*

Nehemías no retrocedió ni un centímetro. Casi lo puedo ver que se pone de pie bien firme, mientras responde con valentía y en alta voz a la acusación. Tal vez dijo que el rey Artajerjes les había dado permiso, pero la presencia de la caballería ya lo proclamaba claramente. En vez de eso, aludió a una autoridad superior al rey: "El Dios de los cielos, él nos prosperará, y nosotros sus siervos nos levantaremos y edificaremos, porque vosotros no tenéis parte ni derecho ni memoria en Jerusalén" (Nehemías 2:20).

Con aquello era suficiente. El pueblo se persuadió de que Nehemías tenía toda la autoridad que necesitaba para dirigirlos. Había vencido en su primera prueba de valentía.

ENFRENTANDO LOS DESAFÍOS

Quien se pone en la brecha tendrá dificultades y la hostilidad de otros. Cuando usted se acerca a un hijo pródigo, un adicto, una persona sin hogar, alguien que está deprimido, o una persona que no tiene trabajo con la intención de ayudar, podría encontrarse en una situación conflictiva. Cuando usted expresa su rechazo a las pandillas y la injusticia racial en su comunidad, posiblemente enfrentará hostilidad y verdaderos peligros. Los tres hombres que acusaron a Nehemías de traición son ejemplo de tres desafíos diferentes.

Quien se pone en la brecha tendrá dificultades y la hostilidad de otros.

Las concesiones

El nombre de Sanbalat significa "venga a la vida el pecado". Era el gobernador de Samaria, región situada al norte de Jerusalén. Cuando Israel, el reino del norte, cayó en poder de los asirios en el año 722 a.C., algunos judíos se quedaron en Samaria. Se casaron con gente de sus conquistadores paganos y se forjaron una nueva vida. Cuando Zorobabel, Esdras y Nehemías viajaron desde Babilonia para restaurar la nación, los samaritanos, entre ellos Sanbalat, se sintieron amenazados. Ellos se opusieron a que los judíos se asentaran en el territorio, porque aquellos exiliados que regresaban serían una molestia para su nuevo mundo. El odio entre judíos y samaritanos comenzó en aquel tiempo, y aún seguía vivo en tiempos de Jesús.

Los samaritanos habían distorsionado su vida, sus normas y su fe para adaptarse a las prácticas paganas de quienes vivían entre ellos. Es posible que esto comenzara de manera gradual, pero al cabo de unos cuantos años, aquellos judíos habían perdido su fe y la cultura que los identificaba. Hoy, el mundo todavía trata de torcernos para que nos acomodemos a su manera de vivir. Insiste: "No es para tanto. Todo el mundo lo hace". Así es como nosotros tomamos decisiones pequeñas al principio, y que paulatinamente son mayores, éstas distorsionan el buen plan de Dios en cuanto al sexo, la verdad, el dinero, el tiempo, y las relaciones. Tal como la anécdota de la rana en la tetera, el calor aumenta de una manera tan lenta, que ni siquiera nos damos cuenta... ¡hasta que estamos hirviendo en el pecado!

La gente del mundo mira a los cristianos que aman a Jesús y son serios respecto a su fe, y sacude incrédula la cabeza: "¡Pero por favor! ¿Acaso esta gente no es capaz de tomar las cosas con menos seriedad? ¡Necesitan aprender a divertirse un poco!" Sí, el pecado es divertido durante un tiempo, pero más tarde o más temprano, muerde... y después, devora.

Cuando Sanbalat atacó a Nehemías, usó un látigo y un martillo. Le hizo algunas preguntas humillantes y sarcásticas, y trajo consigo un ejército. De ambas maneras, trató de intimidar a Nehemías y a sus obreros. Nehemías lo relata así:

> "Cuando oyó Sanbalat que nosotros edificábamos el muro, se enojó y se enfureció en gran manera, e hizo escarnio de los judíos. Y habló delante de sus hermanos y del ejército de Samaria, y dijo: ¿Qué hacen estos débiles judíos? ¿Se les permitirá volver a ofrecer sus sacrificios? ¿Acabarán en un día? ¿Resucitarán de los montones del polvo las piedras que fueron quemadas?" (Nehemías 4:1–2)

Si usted quiere ponerse en la brecha a favor de alguien de su familia o de su comunidad, habrá quienes lo ridiculicen, se burlen de usted, y traten de intimidarlo. Su valentía y su fe son una amenaza para ellos, así que harán todo lo que puedan para que usted haga concesiones. Si finalmente logran que se deslice de su fe, se burlarán de usted más aún. No; nadie es perfecto. Todos tenemos imperfecciones, y Dios aún no ha terminado su obra en nosotros. Pero debemos aferrarnos a Cristo, confiar que Él nos dará sabiduría y fortaleza, y mantenernos firmes ante la tentación de hacer concesiones en nuestra ética, en la verdad, y en la visión que Dios nos ha dado.

La división

Tobías era amonita, un pagano, sin embargo su nombre significa "Dios es bueno". Aunque habríamos podido suponer que por tener ese nombre apoyaría a Nehemías, mas bien se opuso a él. Cada vez que se mencionaba el nombre de Tobías, era como tener una piedra en el zapato; ¡estremecía a los judíos! Dondequiera que iba, Tobías causaba resentimiento, confusión y división. Siglos antes, cuando Dios le indicó a su pueblo que conquistara la Tierra Prometida, le dijo a Josué y a sus guerreros que arrasaran por completo con los amonitas. En vez de hacerlo, el pueblo de Dios hizo concesiones y falló, de manera que los amonitas siguieron con su acoso.

Tobías gobernaba la zona que rodeaba Jerusalén. ¡Nehemías estaba reconstruyendo la ciudad de Dios ante su misma nariz! Su reacción fue crear dudas y sembrar discordia entre el pueblo y Nehemías. Por eso gritó, de manera que los obreros lo oyeran: "Lo que ellos edifican del muro de piedra, si subiere una zorra lo derribará" (Nehemías 4:3)

Estaba tratando de decir: "Los planes de Nehemías son pésimos, y su técnica para la construcción es muy pobre. ¡Tanto trabajo para nada! Además, Nehemías ni siquiera es de esta zona. ¿Qué hacen ustedes siguiéndolo?"

Cuando el trabajo en las murallas siguió adelante y ya se veía que iba a triunfar, las hostilidades se intensificaron. Sanbalat, Tobías, los árabes y los amonitas estaban furiosos. Conspiraron para atacar a Nehemías y a sus hombres. Nehemías respondió como un gran líder: oró y puso guardias para proteger la ciudad. Puso a los hombres armados con espadas y lanzas junto a sus familias. Estaba seguro de que serían más diligentes y pelearían con más tenacidad para proteger a sus seres amados. A partir de aquel momento, la mitad de los obreros trabajaban en el muro, mientras que la otra mitad montaba guardia con lanzas, escudos, arcos y armaduras. Cada uno de los hombres, incluso los que estaban trabajando en la muralla, cargaba una espada en la cadera.

En nuestro caso, las divisiones aparecen en dos formas: internas y externas. Nuestro enemigo trata de crear un *corazón dividido* para tentarnos a buscar cosas que no son lo que Dios tiene para nosotros. El atractivo del poder, el control, y la comodidad nos puede robar el corazón. No se trata de que esas cosas sean inherentemente malas. Muchas veces son dones que nos da Dios mismo. Pero cuando ocupan el primer lugar en nuestro corazón, dividen nuestra atención y nuestra lealtad. Al igual que David, necesitamos orar y decir: "Enséñame, oh Jehová, tu camino; caminaré yo en tu verdad; afirma mi corazón para que tema tu nombre" (Salmo 86:11).

> Las heridas sin sanar, las murmuraciones sin fundamento, los pecados sin perdonar y el resentimiento continuo clavan un profundo puñal, y la herida no sana con una sonrisa y un "Dios te bendiga."

Nuestro enemigo también quiere causar divisiones entre las personas. El problema no está en los conflictos; está en los conflictos que no se resuelven. Es normal que las personas no estén de acuerdo, e incluso que se ofendan de vez en cuando. Pero cuando pueden ser sinceras, perdonarse, y restaurar la relación. Ésta puede volverse más fuerte que antes. Las heridas sin sanar, las murmuraciones sin fundamento, los pecados sin perdonar y el resentimiento continuo clavan un profundo puñal, y la herida no sana con una sonrisa y un "Dios te bendiga".

Pablo le escribió a los cristianos de la Galacia: "Porque vosotros, hermanos, a libertad fuisteis llamados; solamente que no uséis la libertad como ocasión para la carne, sino servíos por amor los unos a los otros. Porque toda la ley en esta sola palabra se cumple: Amarás a tu prójimo como a ti mismo. Pero si os mordéis y os coméis unos a otros, mirad que también no os consumáis unos a otros" (Gálatas 5:13–15).

Cuando nos ponemos en la brecha para ayudar a los necesitados, podemos esperar la amenaza de las divisiones, tanto en nuestro corazón como en nuestras relaciones. Winston Churchill hizo una vez esta observación: "¿Tienes enemigos? Bueno. Eso significa que has mantenido una postura firme por alguna causa en algún momento de tu vida".[2]

Las tormentas

El nombre de Gesem significa "tormentas"; esa clase de fuertes lluvias que saturan el suelo en el otoño y el invierno en esa parte del mundo. Las tormentas soplan de manera imprevista y pueden causar una devastadora erosión de la tierra. Es de notar que Gesem es la única persona de la Biblia que se identifica como árabe.

Nehemías y sus obreros terminaron las murallas con una rapidez increíble, pero antes de que pudieran fabricar e instalar las puertas, Sanbalat y Gesem trataron de detenerlos nuevamente. Se valieron de amenazas, de intimidación y de distracciones, pero Nehemías supo ver la realidad a través de todos sus engaños. Entonces, usaron su última estratagema. Nehemías nos dice:

> "Vine luego a casa de Semaías hijo de Delaía, hijo de Mehetabel, porque él estaba encerrado; el cual me dijo: Reunámonos en la casa de Dios, dentro del templo, y cerremos las puertas del templo, porque vienen para matarte; sí, esta noche vendrán a matarte. Entonces dije: ¿Un hombre como yo ha de huir? ¿Y quién, que fuera como yo, entraría al templo para salvarse la vida? No entraré" (Nehemías 6:10–11).

Dios no protegió a Nehemías y a sus hombres para que no *pasaran* por tormentas, pero sí les dio la valentía suficiente para soportarlas.

Gesem y sus aliados no estaban jugando. Aunque podemos ver los huracanes, los tornados y los tsunamis en el informe meteorológico, hay otras clase de tormentas, como la adicción, los abusos, el abandono, la pobreza, la depresión, la esclavitud sexual, la prostitución, la soledad, la vergüenza, y la desesperación, que destruyen a las personas, las familias e incluso comunidades enteras. Tanto para Nehemías como para nosotros, una muralla a medio hacer no es protección suficiente. Debemos terminar el trabajo, cueste lo que cueste. Milagrosamente, Nehemías y sus hombres terminaron la obra de reconstruir las murallas de Jerusalén en solo cincuenta y dos días. Habían estado en ruinas durante ciento cuarenta y un años, pero Nehemías se puso en la brecha, identificó un problema, elaboró un plan, y terminó el trabajo que Dios le encomendó.

Yo no sé cuántas veces Nehemías se sintió desalentado, pero siempre buscó en Dios su esperanza y su fortaleza. No sé cuántas personas se quejaron de todo aquel trabajo, pero Nehemías se limitó a sonreír y a decirles: "Sigamos trabajando. Dios está con nosotros". No sé cuántas mentiras se dijeron acerca de él, pero él puso su reputación en manos de Dios. Las tormentas fueron feroces. Dios no protegió a Nehemías y a sus hombres para que no *pasaran* por tormentas, pero sí les dio la valentía suficiente para *soportarlas*. El pastor John Hagee dijo en una ocasión: "Dios nunca nos prometió que navegaríamos sin tormentas, pero sí nos prometió que tocaríamos tierra sanos y salvos". Nehemías cerró sus oídos a las murmuraciones y las críticas, y abrió su corazón a Dios y al llamado que Él le había hecho para que se pusiera en la brecha.

UN PODER PERMANENTE

A veces nos ponemos en la brecha a favor de una causa o de una persona solo por un tiempo, y después se termina nuestro papel. Sin embargo, es más frecuente que Dios quiera que nos mantengamos firmes de pie en la brecha durante un tiempo más largo. Cuando Nehemías terminó de reconstruir las murallas de la ciudad, le pudo haber dicho a sus habitantes: "Muy bien, ya terminé. Acabé lo que vine a hacer, y ahora me voy de vuelta a mi cómoda vida en el palacio real de Susa". Sin embargo, no fue así.

Él se quedó doce años en Jerusalén. Él sabía que las hostilidades no habían terminado con la última piedra que pusieron ni con la última puerta que instalaron. La tentación a hacer concesiones, las amenazas de división y las tormentas de sus adversarios continuarían, así que se quedó para proteger las murallas y cuidar de los habitantes de la ciudad. No era un simple constructor; era un creyente. Dirigió un movimiento de reforma destinado a guiar al pueblo de vuelta a Dios y hacer que su fe fuera fuerte y llena de vida. Junto con Esdras, Nehemías trabajó fuerte para restaurar la ciudad, tanto en el aspecto físico como espiritual.

Con frecuencia, lo que Dios quiere que construyamos es una nueva cultura y una nueva esperanza, en vez de construir las murallas de una ciudad. Martin Luther King Jr. tenía el mismo espíritu que Nehemías. Vio la pobreza y la opresión que sufrían los afroamericanos en los Estados Unidos, y decidió valerse del poder de la no violencia para provocar un cambio en la nación. Comenzó dirigiendo huelgas en ciudades sureñas. No obstante, en su propia comunidad había muchos que se sentían incómodos con su esfuerzo. Algunos líderes de color le aconsejaron que dejara de hacerlo, porque temían las represalias de la clase dirigente blanca. Una y otra vez, King se mantuvo firme frente a la hostilidad dentro de su propia comunidad y de parte de los blancos poderosos atrincherados en su contra. Lo arrestaron muchas veces por hablar a favor de la igualdad. En 1963, cuando estaba en la cárcel de Birmingham, varios clérigos importantes de color dudaron abiertamente de sus motivaciones y sus métodos. En la famosa carta en la cual les respondió, explica:

"La injusticia en cualquier lugar es una amenaza para la justicia en todo lugar. Quedamos atrapados en una red ineludible de mutualidad, atados en una misma vestidura de destino. Todo cuanto afecta a uno de manera directa, afecta a todos de manera indirecta. No podemos dar cabida en nuestra vida al intolerante y provinciano concepto del 'agitador extraño'. Todo aquel que vive en de los Estados Unidos, nunca podrá ser considerado como un extraño en ningún lugar dentro de sus fronteras... Nosotros sabemos por dolorosa experiencia que el opresor nunca otorga voluntariamente la libertad; es necesario que la exija el oprimido. Francamente, aún no me he dedicado a una campaña de acción directa que haya sido 'oportuna' a los ojos de aquellos que no han sufrido indebidamente de la enfermedad que es la segregación. Durante años, he escuchado la misma palabra: '¡Espera!' Resuena en los oídos de toda persona de color con una penetrante familiaridad. Este 'Espera' casi siempre ha significado 'nunca'. Debemos llegar al punto de ver, con uno de nuestros distinguidos juristas, que 'la justicia postergada durante demasiado tiempo es una justicia negada...' Así que he tratado de hacer ver con claridad que es erróneo usar medios inmorales para alcanzar fines morales. Pero ahora necesito proclamar que es igualmente erróneo, o tal vez más, usar medios morales para proteger fines inmorales." [3]

La sabiduría, el valor y la visión del Dr. King fueron los catalizadores que cambiaron una nación; o al menos, comenzaron a cambiarla. Él notó que la resistencia era esencial. Su legado permanece. Los líderes de hoy se inspiran en sus palabras para luchar por la igualdad y la justicia.

En muchos casos, una de las declaraciones más poderosas de liderazgo consiste "simplemente en estar presente". Cuando Elizabeth y yo quisimos construir una casa, algunas personas nos aconsejaron que nos mudáramos a los barrios residenciales y viajáramos a la ciudad todos los días. Yo dije: "No; viviremos en el vecindario. Queremos estar cerca de nuestra gente. Queremos compartir sus esperanzas y sus temores". Por supuesto, vivir en nuestra comunidad no es tan seguro como vivir en un barrio residencial. Nos han robado, y hasta me han amenazado de muerte. Varias veces dentro de los primeros años después de mudarnos a nuestra nueva casa, nos despertábamos a media noche con el ensordecedor sonido de las bocinas de unos autos. Cuando mirábamos por la ventana de nuestro dormitorio, veíamos un auto incendiado. Pronto nos dimos cuenta de que habíamos edificado la casa al lado de un conocido lugar donde desmantelaban autos robados. Por un tiempo, yo temí que habíamos tomado una mala decisión de quedarnos en ese vecindario. Aquellos autos estaban muy cerca de nuestra casa. ¿Y si una mañana al despertar descubriéramos que nuestra casa estaba en llamas? Pero entonces recordé lo importante que es vivir en el vecindario al que servimos. ¿Cómo pueden saber ellos que nosotros los comprendemos, si no vivimos en su mundo? Al igual que Nehemías,

Elizabeth y yo queríamos vivir, guiar, y compartir la vida con la gente que Dios había encomendado a nuestro cuidado.

OTRO HOMBRE

Unos cuatrocientos ochenta años después de que fueron restauradas los muros de Jerusalén, hubo otro hombre que entró por ellos. Lo hizo durante el día, y montado en un pollino de asna en vez de un caballo. Pocos días más tarde, este hombre combatió contra el mayor enemigo que tiene el mundo. En su agonía, estuvo suspendido entre el cielo y la tierra; entre la vida y la muerte. Nosotros estábamos destinados a la destrucción, pero Jesús pagó el castigo que nosotros debimos pagar.

¡Cuántas historias nos podrían contar esos muros! Presenciaron la increíble valentía de un hombre que guió a su pueblo en la reconstrucción para protegerlo de sus enemigos, y vieron a otro Hombre dar todo para rescatarnos del pecado y de la muerte. Jesús se puso en la brecha a nuestro favor. Y al enemigo le dijo: "¡No me puedes quitar a mi hijo! ¡No me puedes quitar a mi hija! Son míos. Tal es mi amor, que estoy dispuesto a morir para llevarlos al hogar".

Cada vez que vemos a Jesús en los evangelios, está parado en la brecha a favor de alguien. Cuando los líderes religiosos quisieron apedrear a la mujer sorprendida en adulterio, Jesús se puso entre ella y sus acusadores.

Cada vez que vemos a Jesús en los evangelios, está parado en la brecha a favor de alguien.

Cuando la ceguera, la enfermedad o la deformidad amenazaban con destruir la vida de una persona, Jesús se ponía en la brecha para sanarla. Cuando el pecado aplastaba el alma de alguien, Jesús se ponía en la brecha para ofrecer amor y perdón. Cuando la muerte se llevó a su amigo Lázaro, se le destrozó el corazón. Pero se puso en la brecha para sacar vida de la tumba.

Por supuesto, hay quienes no quieren que Jesús se ponga en la brecha a su favor. Cuando Jesús pendía de la cruz entre el cielo y la tierra, uno de los ladrones se burló de él, pero el otro le pidió que lo recordara cuando llegara a su reino. Esa es también la decisión que nosotros debemos tomar. De hecho, cuando vemos los evangelios, siempre encontramos reacciones extremas ante la persona de Jesús. Nadie dice: "Es una buena persona; eso es todo". O lo odian, o le temen, o lo adoran. Cuando llegamos aunque sea a probar su gracia, Él se convierte en nuestro mayor regalo.

Deje que el amor de Jesús mueva su corazón. Cuando eso suceda, verá lo maravillosa que es su increíble gracia, y su corazón se compungirá ante las vidas vacías que le rodean. Ambas cosas, la maravillada sorpresa y la angustia, son evidencias de que la persona ha encontrado el valor necesario para identificar un problema y sumergirse en él para resolverlo... Una persona como Nehemías, que también se ha puesto en la brecha.

¿Ve un problema que resolver? Por supuesto que sí. ¿Acaso lo que está inquietando su corazón es su hijo perdido, su cónyuge malhumorado, su hermano o hermana que tiene una adicción, su padre o madre que se siente deprimido, su incómodo vecino, su exigente compañero de trabajo, u otra cosa? Deje que la compasión de vida a su valentía para que usted pueda hacer algo al respecto.

* * * * * * * * * * * *

Al final de cada capítulo, encontrará unas cuantas preguntas para la reflexión y la discusión en grupo. Es fácil leer un capítulo de un libro y dejarlo a un lado, sin haber asimilado los principios que enseña. En vez de eso, dedique un tiempo a pensar, escribir, y orar después de leer estas preguntas. Si está en una clase o en un grupo pequeño, use estas preguntas como guía para sus comentarios. Tengo la esperanza de que sus conversaciones serán sustanciosas, y confío que Dios usará esas discusiones para edificar su fe, de manera que usted se ponga en la brecha en nombre de los necesitados que lo rodean.

PIÉNSALO . . .

1. ¿Cómo definiría y describiría usted lo que significa "ponerse en la brecha" a favor de alguien?

2. ¿Fue el llanto una buena reacción ante el problema que Hanani le presentó a Nehemías? Explique su respuesta.

3. Lea la oración de Nehemías en el capítulo 1. ¿Qué le llama más la atención en cuanto al contenido y el celo que hay en su oración?

4. Cuando usted piensa en las personas necesitadas, ¿cuál de los retos le parece el más difícil: las concesiones, la división, o las tormentas? Explique su respuesta.

5. ¿Por qué es importante que seamos perseverantes mientras estamos parados en la brecha? ¿Qué podría suceder si usted se alejara de ella demasiado pronto?

6. ¿Qué le está diciendo Dios por medio de la historia de Nehemías?

7. ¿Qué espera usted obtener de este libro? ¿Cómo quiere que Dios obre en usted y a través de usted mientras lo lee?

2 ESTER

. . . comprendió sus tiempos

"Ve y reúne a todos los judíos que se hallan en Susa, y ayunad por mí, y no comáis ni bebáis en tres días, noche y día; yo también con mis doncellas ayunaré igualmente, y entonces entraré a ver al rey, aunque no sea conforme a la ley; y si perezco, que perezca" (Ester 4:16).

Me encanta el personaje de cine llamado Forrest Gump. Una de mis escenas favoritas de la película es cuando se sienta en un banco, junto a una mujer que no le dirige la palabra. Para comenzar una conversación, él le ofrece chocolates. Cuando ella, indecisa, toma uno, él dice unas palabras que se han vuelto famosas, y que a todos en mi familia nos encanta repetir: "Mamá decía que la vida es como una caja de chocolates. Uno nunca sabe lo que le va a tocar." Nos reímos cuando tratamos de imitar el acento sureño, porque lo hacemos realmente mal, pero siempre recordamos lo cierto que es esa afirmación de Forrest.

Creo que Forrest Gump se refería a que la vida es un asunto de decisiones. Tiene que ver con tomar la decisión certera cuando estamos en una encrucijada. Escoger un buen chocolate no es tan crítico como escoger entre la vida y la muerte, pero hasta nuestras decisiones más sencillas con frecuencia nos sorprenden. Ester tuvo esa clase de vida: una vida que la sorprendió.

En tiempos de Ester, el pueblo judío estaba tratando de hallar su lugar en el mundo después de haber experimentado unas cuantas derrotas importantes. Los ejércitos asirios habían destruido al reino del norte, y los babilonios habían conquistado al reino del sur. Millares de judíos habían ido al exilio por la fuerza, mientras que otros pudieron quedarse en su tierra. Poco a poco comenzaron a regresar refugiados a su tierra. Los primeros volvieron a reconstruir el templo de Jerusalén, pero las murallas se habían desplomado, dejando vulnerable a sus habitantes.

Durante años, el pueblo de Dios tuvo una frágil existencia, tanto los que se hallaban en su devastada tierra, como los que aún estaban en el exilio. Alrededor de treinta años antes que Nehemías apareciera ante las destruidas puertas de Jerusalén con la caballería del rey y las carretas cargadas de maderos, un suceso crucial tuvo lugar en el palacio del rey persa; un suceso que determinaría el destino del pueblo judío. En aquel momento de la historia, Dios usó a la persona más improbable para que se pusiera en la brecha y rescatara a su pueblo.

LA SITUACIÓN

Jerjes, el padre del Artajerjes en tiempos de Nehemías, era el gran rey del imperio persa, que se centró en lo que hoy es Irán. Jerjes era su nombre griego; su nombre persa era Asuero. El relato comienza con un problema en el palacio del rey. Vasti, su reina, hizo algo inimaginable: se negó a obedecer la voluntad del rey de que asistiera a un importante banquete. Tal vez no había tenido un buen día, ¡pero el rey se aseguraría de que tuviera un día *realmente* malo! Estaba tan enojado, que llamó a todos sus consejeros. Los nobles temían que otras mujeres, aun sus propias esposas, se volvieran tan atrevidas e independientes como Vasti. Querían aplastar todo indicio de liberación femenina, así que le dieron este consejo al rey:

> "Si parece bien al rey, salga un decreto real de vuestra majestad y se escriba entre las leyes de Persia y de Media, para que no sea quebrantado: que Vasti no venga más delante del rey Asuero; y el rey haga reina a otra que sea mejor que ella. Y el decreto que dicte el rey será oído en todo su reino, aunque es grande, y todas las mujeres darán honra a sus maridos, desde el mayor hasta el menor" (Ester 1:19–20).

Vasti fue expulsada para siempre del palacio, de manera que el rey necesitaba una nueva reina. Conforme a la costumbre de los monarcas de la antigüedad en el Medio Oriente, Jerjes escogió a las jóvenes más hermosas del país para su harén. Una de ellas era una joven judía increíblemente hermosa, llamada Hadasa, cuyo nombre persa era Ester. Era la prima más joven de un hombre judío llamado Mardoqueo. Después del fallecimiento de sus padres, este la había seguido criando como si fuera su propia hija.

Con frecuencia, los nombres bíblicos reflejan el carácter y el papel que cumple una persona. En este caso, el significado es sorprendente. Hadasa, el nombre judío, identifica a la planta de mirto. Ester, el nombre persa, significa "estrella", y es probable que derive del nombre de la diosa persa Istar. De manera que la mujer que cumpliría un papel crucial en la historia del pueblo de Dios y la historia de la redención, tenía un nombre común y corriente, pero su nombre extranjero era mucho más impresionante. Su primo Mardoqueo recibió su nombre en honor del dios pagano Marduk o Merodac. A juzgar solamente por el nombre de cada uno, nadie hubiera pensado que Dios los usaría de una manera tan significativa. Esto es lo que queremos decir: Dios puede usar a cualquiera… literalmente, cualquiera.

PERO HAY UN PROBLEMA . . .

Durante siglos, los eruditos han observado una distinción en el relato de Ester. En los otros libros de la Biblia, Dios se presenta en una columna de fuego, una columna de humo, un aterrador terremoto en la montaña, o como un Hijo del Hombre que se interesaba en los parias de la sociedad, y quien murió por los pecadores. En cambio, en el libro de Ester nunca se menciona el nombre de Dios. Ni una sola vez. No encontramos milagros, ni oraciones dirigidas a Dios, ni nada que señale a Dios como el autor y sustentador de la vida.

Con todo, el problema no termina aquí. Ya hacía años que el rey había decretado que los judíos podían regresar a su tierra de origen, pero al parecer, tanto Mardoqueo como Ester habían decidido quedarse. Según parece, no estaban practicando las tradiciones judías, celebrando las fiestas judías ni siguiendo las leyes judías. Más adelante, descubrimos que Ester ni siquiera le reveló al rey que ella era judía, ¡sino hasta después de haber sido reina durante cuatro años! Además, Ester pertenecía al harén del rey. La Ley de Moisés prohíbe de manera explícita las relaciones sexuales ilícitas y los matrimonios mixtos.

La historia de Ester es diferente a la vida pura e incontaminada de Daniel y sus tres amigos, quienes habían sido llevados a Babilonia como exiliados. No obstante, estos problemas tienen unas maravillosas respuestas en que vemos la gracia divina. Aunque no se mencione el nombre de Dios en el relato de Ester, es evidente la presencia de su mano en cada una de sus páginas. Tras las escenas detectamos su presencia, su poder y sus propósitos. Y vemos que Dios no busca gente *perfecta,* sino gente que se ponga a su *disposición.*

Dios no busca gente *perfecta,* sino gente que se ponga a su *disposición.*

La situación que había en la Persia de Ester y la que hay en nuestra cultura actual presentan unas cuantas similitudes. Tanto en una como en la otra predomina el poder, el placer y las posesiones, pero Dios siempre está obrando a través de alguien que está dispuesto a decirle que sí. Ester y Mardoqueo habrían podido mirar sus circunstancias y darse por vencidos en su desesperación. Eran exiliados, ciudadanos de segunda categoría, sin riquezas ni posición en su sociedad. Se ridiculizaba al Dios de Abraham, Isaac y Jacob como impotente o ausente. David y Salomón, los grandes reyes de Israel, eran objeto de burla. La Palabra de Dios era ignorada en la cultura persa. Es probable que Ester y Mardoqueo se sintieran alejados de todo lo que ellos tenían por querido y sagrado. ¿Quiénes eran aquellos dos insignificantes judíos para pensar en que ellos podrían cambiar las cosas?

Hoy, la gente de nuestras iglesias tiene la mente y el corazón hundidos en la búsqueda del dinero, el poder, las emociones y las aclamaciones. Es posible que vayan a la iglesia de vez en cuando, pero ciertamente, ¡no tienen idea alguna de marcar una diferencia a favor de Dios! ¿Acaso pueden marcar esa diferencia personas como Ester y Mardoqueo, y como nosotros?

¡Por supuesto que podemos! La historia de Ester puede ser también la nuestra. De ella y de su primo aprendemos de qué manera nos ponemos en la brecha en un momento crítico de la vida de nuestra familia, de nuestro vecindario, y de nuestra cultura. Dios usa con frecuencia a la gente que menos imaginamos para cumplir su maravilloso propósito. A nosotros tal vez nos parezca muy distante la antigua cultura persa, pero las verdades que encontramos en el relato de la vida de Ester todavía nos inspira hoy. Pablo hace esta observación: "Porque las cosas que se escribieron antes, para nuestra enseñanza se escribieron, a fin de que por la paciencia y la consolación de las Escrituras, tengamos esperanza" (Romanos 15:4).

LA SELECCIÓN

En los tiempos del rey Jerjes, todavía no se desarrollaban los portales de citas de la Internet; no había citas rápidas, ni Facebook, ni Instagram. Así que, cuando el rey quiso reemplazar a la reina Vasti, sus ayudantes personales llevaron a cabo una amplia búsqueda por todos los rincones del reino; no solo para encontrar una joven hermosa, sino para todas las que el rey quisiera tener en su harén. Aquellas hermosas mujeres serían mimadas con tratamientos de belleza durante un año, y después, "la doncella que agrade a los ojos del rey" se convertiría en la nueva reina.

Ester "era de hermosa figura y de buen parecer" (Ester 2:7). En otras palabras, ¡era encantadora! Tenía esa clase de belleza que hacía que tanto hombres como mujeres volvieran la cabeza para admirarla. Después de que fue seleccionada y superó la primera eliminación, se le dio un trato especial y se la pasó "a lo mejor de la casa de las mujeres".

Durante un año, Ester recibió tratamientos de belleza con aceites, perfumes y cosméticos especiales. (¡Un año! ¡Y la cantidad de hombres que se enojan porque su esposa o su novia se tarda veinte minutos para arreglarse!) Todos los días, Mardoqueo estaba a las puertas de palacio, para saber cómo le iba. Estaba preocupado por ella, y le aconsejó que callara su procedencia judía.

Finalmente llegó el momento de prueba para Ester. Si el rey se complacía en ella, se la invitaría de nuevo. Si no, la experiencia quedaría en el olvido. Ella se dio cuenta de que su futuro dependía del capricho de un hombre, pero no tenía idea de que era mucho más lo que estaba en juego.

¡Pasó la prueba con toda facilidad!

> "Y el rey amó a Ester más que a todas las otras mujeres, y halló ella gracia y benevolencia delante de él más que todas las demás vírgenes; y puso la corona real en su

> cabeza, y la hizo reina en lugar de Vasti. Hizo luego el rey un gran banquete a todos sus príncipes y siervos, el banquete de Ester; y disminuyó tributos a las provincias, e hizo y dio mercedes conforme a la generosidad real" (Ester 2:17,18).

Durante los meses anteriores a su gran prueba, ¿puede imaginar lo que posiblemente estaba sucediendo en el corazón de Ester y de Mardoqueo? ¿Acaso se complacía Dios de que ella estuviera en el harén del rey? ¿Qué pasaría si no le gustaba? ¿Fue bueno que siguiera el consejo de Mardoqueo y mantuviera en secreto su identidad étnica? ¿No habría sido más noble que fuera sincera desde el principio? ¿Y si el rey se enojaba al descubrirlo, y la mataba? ¡Su sangre caería sobre Mardoqueo!

Dios es lo suficientemente sabio, generoso y poderoso para entretejer nuestras malas decisiones y convertirlas en algo positivo y sanador.

Como es natural, la acción principal del relato se centra en la selección que hizo Jerjes, pero detrás de la escena nos damos cuenta de que Ester y Mardoqueo tenían muchos temores, dudas y decisiones difíciles que tomar. A pesar de todo esto, Dios estaba obrando en dos personas sencillas, en las circunstancias que los rodeaban y a través de ellos.

La complejidad de la situación de Ester es un reflejo de la vida real que nosotros también nos enfrentamos. A veces hay unas pocas decisiones que están claras; son más bien grises, que blanco o negro. En ocasiones, nos sentimos confusos y temerosos, y tomamos algunas decisiones muy poco inteligentes. Pero Dios es lo suficientemente sabio, generoso y poderoso para entretejer nuestras malas decisiones y convertirlas en algo positivo y sanador. Tal vez nosotros no podamos enderezar las cosas, pero Dios sí lo hace.

Nadie podía apresurar el proceso que llevaba a cabo el rey. Aquellas hermosas jovencitas deben haber estado impacientes por entrar en el aposento privado del rey, pero necesitaban aquel año de preparación. Así también, muchas veces nosotros nos impacientamos con la preparación que lleva a cabo nuestro Rey. En nuestra prisa, consideramos la espera como una pérdida de tiempo, y no como parte necesaria de la preparación que Dios nos da para que cumplamos una misión especial. Ester se dio cuenta de que solo tendría una oportunidad de complacer al rey, y se contentó con dejar que los acontecimientos siguieran su curso.

LA AMENAZA

Después que Ester fue hecha reina de Persia, apareció en el drama otro personaje, alguien siniestro. Jerjes ascendió a un hombre llamado Amán a la segunda posición dentro del reino; el equivalente a un primer ministro. Amán ya era arrogante, y su nueva posición solo acentuó aún más su arrogancia. Todos los demás funcionarios se arrodillaban para honrarlo, pero Mardoqueo se negaba a inclinarse ante él. Cuando los funcionarios le hablaron a Amán de la insubordinación de Mardoqueo, Amán se enfureció. Y cuando descubrió que Mardoqueo era judío, "procuró [...] destruir a todos los judíos que había en el reino de Asuero, al pueblo de Mardoqueo" (Ester 3:6).

Amán le propuso al rey un nuevo edicto para acabar con los judíos que había en el reino. Aquel decreto significaba una guerra "sin cuartel", sin oportunidad de que se rindieran, de que recibieran misericordia, de que se los tolerara. De hecho, el odio de Amán por Mardoqueo y por su pueblo era tan intenso, que ofreció diez mil talentos de plata al rey, lo cual era aproximadamente dos tercios del ingreso anual del imperio, para subvencionar una celebración por haberse librado de ellos. ¿De dónde vendría todo aquel dinero? Del bolsillo de Amán no saldría. Su plan era saquear a los judíos que matara.

Enseguida convocó a los secretarios reales al palacio, donde escribieron el decreto en los diversos idiomas del reino. Jerjes usó su anillo para marcar como suyo el decreto, y envió aquella sentencia de muerte a todas partes. "Y fueron enviadas cartas por medio de correos a todas las provincias del rey, con la orden de destruir, matar y exterminar a todos los judíos, jóvenes y ancianos, niños y mujeres, en un mismo día, en el día trece del mes duodécimo, que es el mes de Adar, y de apoderarse de sus bienes" (Ester 3:13).

En aquel momento había más de nueve millones de judíos en el imperio persa. A partir de la publicación del decreto, la vida de todos ellos estaba en peligro.

EL VALOR DE UNA SOLA PERSONA

Ester no sabía absolutamente nada de los malvados planes de Amán. Ella era reina; no estaba dedicada a la política. Pero

Mardoqueo vivía en las calles de Susa. Cuando tuvo noticia del decreto, siguió las tradiciones en cuanto a manifestar la angustia del duelo, rasgó sus vestiduras, se vistió de cilicio, y se cubrió de cenizas. No estaba solo. Los judíos de todo el reino sabían que su fin se acercaba con toda rapidez.

Las doncellas de Ester le hablaron de la desesperación de Mardoqueo, y ella se angustió profundamente. Le envió ropas nuevas para reemplazar las que había roto, pero él no quiso vestirlas. ¿De qué le servía aquella ropa nueva, si pronto moriría?

Con mucha frecuencia, tratamos de reducir al mínimo el horror del peligro, tanto para nosotros mismos como para los demás, con distracciones para nuestra mente o con posesiones u ocupaciones que insensibilicen nuestro corazón. En el palacio, el rey trataba de resolver los problemas, comprando la lealtad de la gente con títulos o regalos espléndidos. Ester estaba viviendo en medio de esos lujos, y pensó que podría aliviar la angustia de Mardoqueo con unas vestiduras nuevas, pero Mardoqueo sabía que el peligro que enfrentaban, era muy real.

Él sabía que había una sola persona a la que el rey escucharía, y podría detener la aniquilación de los judíos. Por eso le mandó decir a Ester que se acercara al rey para suplicarle que tuviera misericordia, tanto de ella como de todo su pueblo.

Era mucho lo que Ester podía perder. Era la reina de la nación más poderosa de la tierra. Tenía riquezas y un prestigio incalculables. Era la envidia de todas las mujeres, y el deseo secreto de todos los hombres en aquellas tierras. Y seguramente, tendría un gran conflicto de identidad: ¿Era judía, o pagana? ¿Se llamaba Hadasa, o Ester? ¿Su lugar era el palacio, con Jerjes, o con su primo y su pueblo? ¿Debía lealtad a Dios, o al rey persa? ¿Eran más importantes los perfumes, los aceites, sus hermosos ropajes, la deliciosa comida y el prestigio de ser la reina, que los apuros de su pueblo?

Con todo, la súplica de Mardoqueo la hirió como un cuchillo. Cuando reflexionó sobre lo que implicaba la petición de Mardoqueo, se estremeció. Entonces le envió un escalofriante mensaje:

> "Todos los siervos del rey, y el pueblo de las provincias del rey, saben que cualquier hombre o mujer que entra en el patio interior para ver al rey, sin ser llamado, una sola ley hay respecto a él: ha de morir; salvo aquel a quien el rey extendiere el cetro de oro, el cual vivirá; y yo no he sido llamada para ver al rey estos treinta días" (Ester 4:11).

En Persia, como en gran parte del mundo antiguo, el esposo era el que mandaba. Jerjes tenía una ley según la cual sus esposas, incluso la reina, no se le podían acercar en su aposento masculino, a menos que él las invitara de manera específica. (Hay esposos hoy que quisieran imponer esa ley en su hogar, sobre todo cuando quieren ver un juego en la televisión.)

Mardoqueo notó que Ester necesitaba valentía. Tal vez pensó que ella se escondería en el palacio mientras asesinaban a los demás judíos. Quizá se preguntó si realmente sucedería algo tan cruel. Sencillamente, aquel crimen parecía demasiado profundo para medirlo. Mardoqueo le pidió a Ester que arriesgara su posición, sus riquezas, su comodidad y su vida por su pueblo.

Muchos siglos más tarde, los judíos nuevamente enfrentaron la amenaza de un exterminio. Y de nuevo, la amenaza fue demasiado horrible, demasiado malvada, demasiado atroz para creerla. En su libro titulado *Night*, Elie Wiesel describe la incredulidad de los líderes judíos en su pueblo de Hungría, cuando por vez primera oyeron hablar de los planes que tenían los nazis de aniquilarlos. Un joven llamado Moishe Beadle fue sacado del pueblo y trasladado para su "reubicación". Pocos meses después, Moishe regresó con la mirada aterrorizada, una voz frenética y una grave advertencia. Wiesel escribe:

> "Me dijo lo que le había sucedido a él y a sus compañeros. El tren que llevaba a los deportados había cruzado la frontera húngara y, una vez en territorio polaco, la Gestapo se hizo cargo de ellos. El tren se detuvo. A los judíos se les ordenó bajar y subir a bordo de unos camiones que los esperaban. Los camiones se dirigieron a un bosque. Allí les ordenaron a todos que bajaran. Los obligaron a cavar unas inmensas trincheras. Cuando terminaron su trabajo, los hombres de la Gestapo comenzaron el de ellos. Sin pasión ni prisa, le dispararon a sus prisioneros, que fueron forzados a acercarse a aquella trinchera uno por uno, y presentar el cuello. A los bebés los tiraban al aire y los usaban como blanco para las ametralladoras."

Wiesel le preguntó a Moishe cómo había escapado él. Entonces le explicó que le habían disparado en una pierna, y lo dieron por muerto. A pesar de todo aquello, la gente del pueblo se limitó a mover contrariada la cabeza cuando Moishe les suplicó que huyeran para salvar la vida. Hubo quienes sugirieron que todo lo que él quería era ser el centro de la atención. Otros dijeron que estaba loco.

Nadie lo escuchó con seriedad. ¿Quién podría creer que era cierto lo que les contaba? Después de días y de semanas tratando de persuadir a la gente, Moishe se dio por vencido. "Ustedes no entienden", dijo en su desesperación. "No pueden entender. Yo me salvé por milagro. Pude regresar. ¿De dónde saqué las fuerzas? Quería regresar [al pueblo] para describirles mi muerte, con el fin de que se preparen mientras hay tiempo. ¿La vida? Ya no me interesa vivir. Estoy solo. Pero quería regresar para advertirles. Pero nadie me escucha..."[4]

Mardoqueo era como Moishe. Tenía la esperanza de que por lo menos una persona lo escuchara e hiciera algo. Con toda la urgencia que pudo reunir, le envió el siguiente mensaje a Ester:

> "No pienses que escaparás en la casa del rey más que cualquier otro judío. Porque si callas absolutamente en este tiempo, respiro y liberación vendrá de alguna otra parte para los judíos; mas tú y la casa de tu padre pereceréis. ¿Y quién sabe si para esta hora has llegado al reino?" (Ester 4:13,14)

Ester estaba en una encrucijada... y era grande. Estaba parada en el punto que dividía la historia para ella, para su primo y para los nueve millones de judíos que vivían en Persia. Hasta aquel momento, su origen étnico y su fe habían sido un secreto.

Hasta aquel momento, había vivido en medio de lujos en el palacio de un rey pagano. Hasta aquel momento, su belleza le había abierto puertas. Hasta aquel momento, había vivido pasivamente y servida en todas sus necesidades. Pero todo cambió. El mensaje de Mardoqueo era sencillo, pero la llamaba a tomar una decisión: "Si te presentas ante el rey sin haber sido llamada, es *posible* que mueras. Si no vas, tanto tú como yo y todos los demás judíos del reino moriremos *con toda seguridad*. Tú decides."

Podremos movernos en un mundo de riquezas, pensando únicamente en lo último en teléfono móvil, el próximo gran restaurante, las próximas vacaciones, o el próximo ascenso. Pero a veces, Dios se abre paso a través de nuestra comodidad para presentarnos un propósito para nuestra vida que es mayor que nosotros mismos. Cuando Dios nos muestra una necesidad urgente y nos la pone en el corazón, es que nos está dando algo por lo cual vivir. De repente, todos aquellos años de mimos y cuidados tuvieron un sentido perfecto para Ester. Dios la había hecho reina para que se parara en la brecha por su pueblo perseguido. Hasta aquel momento, otras personas habían tomado las decisiones por ella, pero ya era hora de que decidiera por sí misma. Su primer acto de valentía fue pedir oración. Le envió instrucciones a Mardoqueo. Observe la hermosa mezcla de confianza en Dios y férrea determinación:

Cuando Dios nos muestra una necesidad urgente y nos la pone en el corazón, es que nos está dando algo por lo cual vivir.

> "Ve y reúne a todos los judíos que se hallan en Susa, y ayunad por mí, y no comáis ni bebáis en tres días, noche y día; yo también con mis doncellas ayunaré igualmente, y entonces entraré a ver al rey, aunque no sea conforme a la ley; y si perezco, que perezca" (Ester 4:16).

Esta narración no nos dice que Dios escribió en la pared, habló en medio de un torbellino, o se apareció en una zarza ardiente. El pueblo de Dios oró por Ester, pero ella no exigió una señal. Se limitó a decir: "Ustedes oren. Yo iré. Y dejaremos los resultados en las manos de Dios."

A veces Dios en su bondad nos da una palabra profética o una visión del futuro, pero es más frecuente que hagamos como Ester: sabemos qué debemos hacer, y lo hacemos sin saber cuáles serán los resultados.

Durante tres días y tres noches, el pueblo de Dios oró. Y durante tres días y tres noches, Ester se preparó para un atrevido acto de inaudita valentía. Al tercer día, se puso sus vestiduras y se presentó en la sala real del palacio. Cuando el rey la vio, extendió hacia ella su cetro de oro y la invitó a entrar. Era evidente que no se trataba de una visita social.

Jerjes dijo: "¿Qué tienes, reina Ester, y cuál es tu petición? Hasta la mitad del reino se te dará" (Ester 5:3).

No sé si Ester estuvo a punto de desmayarse. Me imagino que yo sí lo habría estado. Ella se había enfrentado a la muerte… y el rey le había sonreído. ¡Todo un alivio! Pero aún no había cumplido su trabajo. Primero, le pidió únicamente que asistiera a un banquete con una lista de invitados muy limitada: solo el rey, Ester y Amán.

En el banquete, le preguntó qué quería pedirle. Como recatada anfitriona de aquel banquete íntimo, Ester les pidió al rey y a Amán que volvieran al día siguiente para otro banquete, y le prometió al rey que le diría en aquel momento cuál era su petición.

Toda aquella tarde, Amán se sintió muy feliz. Hacía poco que el rey lo había ascendido a la segunda posición de poder en el reino, y había conseguido que promulgara un decreto para matar a todos los judíos. Aquel día, la reina lo había honrado con una invitación a un banquete para la pareja real, ¡y lo había invitado también para el día siguiente! ¡Se sentía en las nubes!

Pero cuando salía del palacio, vio a Mardoqueo. Todos se inclinaron ante él, menos Mardoqueo. Cuando llegó a su casa, se quejó con sus amigos y su esposa de la manera en que aquel judío lo había injuriado, un insulto que era especialmente despreciable, a la luz del honor que le había concedido la reina. Entonces dijo: "Yo debería sentirme realmente feliz, pero estoy afligido... porque Mardoqueo todavía está vivo!"

Su esposa le dio la solución: "Hagan una horca de cincuenta codos de altura, y mañana di al rey que cuelguen a Mardoqueo en ella; y entra alegre con el rey al banquete" (Ester 5:14). A Amán le encantó la idea. De inmediato ordenó que se construyera la horca.

LA PROVIDENCIA

Hemos visto que en el libro de Ester nunca se menciona el nombre de Dios; no hay oraciones ni milagros, pero Dios no está ausente. Podemos ver con claridad las huellas de sus manos en su cuidado y dirección providenciales. Podríamos definir de esta forma su providencia: "Dios gobierna a todas las criaturas, sus acciones y circunstancias de alguna manera invisible y misteriosa por medio del curso normal y corriente de la vida, sin la intervención de lo milagroso."[5]

En este punto del relato, la providencia de Dios se manifiesta abiertamente. La misma noche que estaban levantando la horca, el rey no podía conciliar el sueño. Pidió que le llevaran la historia oficial de su reinado y se la leyeran. Tal vez pensó que de tan aburrida lo haría dormir, pero tuvo el efecto contrario. El relato que le leyeron era sobre Mardoqueo, quien en una ocasión había descubierto una conspiración contra la vida del rey (Ester 2:21–23; 6:1–3).

El rey le preguntó al lector: "¿Qué honra o qué distinción se hizo a Mardoqueo por esto?"

Le respondieron sus servidores: "Nada se ha hecho con él."

Jerjes preguntó entonces: "¿Quién está en el patio?"

En ese preciso instante, Amán había acabado de entrar para hablarle al rey de la horca, y de sus planes de ejecutar a Mardoqueo al día siguiente. Cuando los servidores le anunciaron al rey que era Amán el que estaba en el patio, Jerjes lo invitó a entrar a su dormitorio. Entonces le preguntó: "¿Qué se hará al hombre cuya honra desea el rey?" (Ester 6:3–6).

¿Nota la expresión de deleite que hay en el rostro de Amán? ¿Puede sentir su orgullo y su gozo? ¡Está seguro que el rey se refiere a él! Le respondió inmediatamente:

> "Para el varón cuya honra desea el rey, traigan el vestido real de que el rey se viste, y el caballo en que el rey cabalga, y la corona real que está puesta en su cabeza; y den el vestido y el caballo en mano de alguno de los príncipes más nobles del rey, y vistan a aquel varón cuya honra desea el rey, y llévenlo en el caballo por la plaza de la ciudad, y pregonen delante de él: Así se hará al varón cuya honra desea el rey" (Ester 6:7–9).

¡Al rey le encantó la idea de Amán! Entonces le dijo: "Date prisa." Estoy seguro de que Amán estaba muy emocionado... hasta que el rey dejó caer el martillo: "Toma el vestido y el caballo, como tú has dicho, y hazlo así con el judío Mardoqueo, que se sienta a la puerta real; no omitas nada de todo lo que has dicho" (Ester 6:10).

El relato no nos dice cuál fue la reacción de Amán en aquel momento, pero no hace falta mucha imaginación para pensar lo que quiso decir: *¡Mardoqueo! ¡Tienes que estar bromeando! Me imagino que este no es el mejor momento para preguntar si tengo permiso para ahorcarlo mañana.*

Al día siguiente, como una dulce ironía, Amán a regañadientes llevó a su archienemigo por toda la ciudad, Mardoqueo iba montado en el caballo del rey, y usando su manto real. Amán quería morir cada vez que proclamaba: "Así se hará al varón cuya honra desea el rey" (Ester 6:11).

Tan pronto como terminó aquel desfile, llegó la hora de que Amán se presentara al segundo banquete con el rey y la reina. De nuevo, el rey le pidió a Ester que le dijera lo que quería, y le prometió que se lo cumpliría.

Esta vez ella habló con libertad. Le pidió que le perdonara la vida a su pueblo, porque habían sido "vendidos para ser destruidos, para ser muertos y exterminados" (Ester 7:3,4). Entonces le explicó que si el decreto solo los hubiera hecho esclavos, ella no lo habría molestado, pero el exterminio de todo un pueblo era algo excesivamente severo.

El rey se sintió asombrado e indignado, y le preguntó: "¿Quién es, y dónde está, el que ha ensoberbecido su corazón para hacer esto?"

Ella le contestó: "El enemigo y adversario es este malvado Amán."

El rey se alejó enfurecido de la habitación, mientras que Amán se quedó para suplicarle a Ester que tuviera misericordia. Cuando regresó el rey, Amán se había tirado sobre el lecho donde estaba reclinada la reina Ester. Entonces gritó el rey: "¿Querrás también violar a la reina en mi propia casa?"

Uno de sus asistentes tenía una solución. Le dijo a Jerjes: "He aquí en casa de Amán la horca de cincuenta codos de altura que hizo Amán para Mardoqueo, el cual había hablado bien por el rey."

Inmediatamente, el rey ordenó: "Colgadlo en ella." Ellos sacaron a Amán hasta la horca que él mismo había levantado, y allí murió (Ester 7:3–10).

Sin embargo, el problema al que se enfrentaban los judíos no se había resuelto con la muerte de Amán. El edicto seguía en pie, porque las leyes de los medos y los persas eran irrevocables. ¿Qué se podría hacer? Ester y Mardoqueo le pidieron al rey que proclamara otro decreto que fuera contra el primero. Jerjes aceptó de buen grado lanzar un segundo edicto en el cual les daba a los judíos el derecho de protegerse y de saquear las propiedades de todo aquel que los atacara.

La salvación del pueblo judío en Persia se celebra en la Fiesta de Purim. El primer día de fiesta tuvo lugar cuando los correos llegaron a todos los rincones del imperio:

"La ciudad de Susa entonces se alegró y regocijó; y los judíos tuvieron luz y alegría, y gozo y honra. Y en cada provincia y en cada ciudad donde llegó el mandamiento del rey, los judíos tuvieron alegría y gozo, banquete y día de placer. Y muchos de entre los pueblos de la tierra se hacían judíos, porque el temor de los judíos había caído sobre ellos" (Ester 8:15–17).

ESTER COMPRENDIÓ SUS TIEMPOS

Una crisis nos puede confundir, o puede quitar las telarañas para que pensemos con más claridad. Ester había llevado una doble vida. Tenía un antepasado de fe, pero estaba en un mundo pagano. De hecho, había llegado a la cima de su mundo pagano, como reina de aquella tierra. Lo tenía todo, riquezas incalculables y sublime belleza, pero estuvo a punto de perder todo. Sin embargo, los apuros de su pueblo hicieron añicos sus ilusiones. Así comprendió que ya no podría seguir viviendo solamente para sí misma.

Una crisis nos puede confundir, o puede quitar las telarañas para que pensemos con más claridad.

Se daba cuenta del riesgo que corría. Por eso le dijo a Mardoqueo: "Si perezco, que perezca". Estaba dispuesta a poner todo en juego por su pueblo, al precio que fuera necesario. Era su tiempo, su momento, su tarea, el propósito que le había encomendado Dios. Aunque anteriormente tuviera unos deseos egoístas, ahora solo tenía uno: rescatar a su pueblo. Siglos más tarde, Santiago, el medio hermano de Jesús, nos advirtió que no se puede tener divididos la mente y el corazón:

> "Y si alguno de vosotros tiene falta de sabiduría, pídala a Dios, el cual da a todos abundantemente y sin reproche, y le será dada. Pero pida con fe, no dudando nada; porque el que duda es semejante a la onda del mar, que es arrastrada por el viento y echada de una parte a otra. No piense, pues, quien tal haga, que recibirá cosa alguna del Señor. El hombre de doble ánimo es inconstante en todos sus caminos" (Santiago 1:5–8).

Tal vez digamos: "Bueno, entonces era entonces y ahora es ahora. Nosotros no vivimos en la Persia de la antigüedad, ni en la Palestina del siglo primero. No tenemos rey. Las cosas son distintas." Sí, en la superficie son muy distintas, pero debajo de ella, la naturaleza humana no ha cambiado. La gente es igualmente egoísta, igualmente siente que debe lealtad a dos señores, es igualmente malvada, y se cometen tantos abusos como hace veinte, o veinticinco siglos. La gente que tiene problemas necesita a alguien como Mardoqueo, que se conmueva profundamente, que llore y se lamente, y que busque la ayuda de quienes están en una condición que les permite ayudar. Y también necesita a alguien como Ester, que tal vez están ensimismados hasta que se dan cuenta que necesitan valor para dar un paso decisivo "en un momento como este".

Dietrich Bonhoeffer comprendió sus tiempos. A principios de la década de 1930, la mayoría de los alemanes, incluso los pastores, creyeron que Adolfo Hitler llevaría a cabo una milagrosa recuperación de su devastada economía y de su identidad nacional. Bonhoeffer pudo discernir de inmediato la amenaza que significaban aquel hombre malvado y sus propósitos. Solo dos días después de que Hitler se convirtiera en Canciller de la nación, Bonhoeffer se dirigió por radio a sus compatriotas para alertarlos. Conforme Hitler conquistaba más poder y silenciaba a la oposición, la profética voz de Bonhoeffer se hizo cada vez más firme y más clara. A fines de los años treinta, zarpó a Estados Unidos, donde esperaba ser profesor de un seminario. Sin embargo, su corazón estaba con su pueblo, y decidió regresar a su patria. Esto fue lo que le explicó a uno de sus buenos amigos:

> "He llegado a la conclusión de que cometí un error al venir a Estados Unidos. Debo atravesar este difícil período de nuestra historia nacional con el pueblo de Alemania. No tendré derecho alguno a participar en la reconstrucción de la vida cristiana en Alemania después de la guerra, si no comparto las pruebas por las que pasa mi pueblo en estos momentos... Los cristianos de Alemania tendrán que enfrentar la terrible disyuntiva de desear la derrota de su nación para que la civilización cristiana pueda

sobrevivir, o desear la victoria de su nación y por tanto, la destrucción de la civilización. Yo sé cuál de estas dos alternativas debo escoger, pero no puedo tomar esa decisión desde la seguridad."[6]

En el caso de Bonhoeffer y de otros valientes, un sentido de urgencia los impulsó a actuar con valor.

Bonhoeffer no tuvo el lujo de tomar su difícil decisión desde una posición de seguridad. La mayoría de las personas insisten en sentirse seguras antes de tomar decisiones difíciles. Saben cuál es la decisión acertada, pero no actúan porque no se sienten completamente cómodas. En el caso de Bonhoeffer y de otros valientes, un sentido de urgencia los impulsó a actuar con valor. Dando un osado paso, Bonhoeffer se unió al movimiento subterráneo de resistencia en Alemania. Aquel noble pastor terminó implicado en una conspiración para asesinar al Führer y fue arrestado en abril de 1943. Dos años más tarde, a solo dos semanas del fin de la guerra, fue ejecutado. Un médico nazi que presenció sus últimos momentos escribió: "Vi al Pastor Bonhoeffer... arrodillado en el suelo, orando con fervor a Dios. Me conmovió profundamente la manera en que oraba aquel entrañable hombre, tan devoto y tan seguro de que Dios escuchaba su oración. En el lugar de su ejecución, nuevamente oró, y después subió los pocos escalones a la horca, valiente y sereno. Al cabo de unos segundos, estaba muerto. En los casi cincuenta años que trabajé como médico, pocas veces he visto a un hombre morir tan completamente sometido a la voluntad de Dios."[7]

Al igual que Ester, Bonhoeffer reconoció la urgencia de sus tiempos. No se sometió a las fuerzas de la oscuridad en su mundo. En su obra llamada Ética, comenta: "No hay lugar alguno al que el cristiano pueda escapar del mundo, ya sea en el exterior, o en la esfera de la vida interior. Todo intento por huir del mundo se paga más tarde o más temprano con un pecaminoso sometimiento al mundo".[8]

El relato de Ester nos debe animar profundamente. Dios no usó alguien con un excelente historial, que había llevado una vida pura y que siempre había obedecido fielmente. Dios usó a alguien que tenía profundos defectos, cuyas prioridades estaban divididas, y ni siquiera estaba consciente del problema hasta que alguien le habló de él. ¿Te describen a ti estas características? Nos describen a todos.

Todos nosotros tenemos momentos definidores. A veces vienen y se van en un instante, de manera que debemos estar listos. Con frecuencia tenemos más tiempo, ya sea para reaccionar con sabiduría y valor, o para inventar alguna disculpa y desentendernos de la situación.

Una madre soltera de nuestra comunidad se dio cuenta de que en la escuela a sus hijos les estaban enseñando valores que contradecían lo que ella les quería impartir. Llegaban a casa con preguntas acerca del matrimonio entre personas del mismo sexo, porque su maestra les había hablado de que "Bob y Paul habían formado una familia". Ella me explicó la situación y me pidió consejo. Como yo soy un activista, la animé a expresar su pensamiento. Ella se convirtió en miembro del consejo de la escuela, y en esa posición ha marcado una diferencia. Gracias a su gestión, se cambiaron algunos de los aspectos más ofensivos del plan de estudios, pero no a base de enojo ni exigencia. Con una hermosa mezcla de diplomacia, bondad y valentía, se ha fomentado en la escuela de sus hijos una cultura basada en valores firmes y una paz genuina.

Mire a su alrededor. ¿Ve gente en problemas? ¿Se trata de hombres y mujeres, niños y niñas, a quienes amenaza la destrucción? A veces son víctimas de los pecados de otros, y a veces están sufriendo a causa de sus propias decisiones egoístas y poco inteligentes. De la manera que sea, se están deslizando al abismo. ¿Lo ha notado? Por supuesto que sí; ¡de lo contrario, no estaría leyendo este libro!

Usted está en una encrucijada: entre las urgentes necesidades personas que debe atender y la voluntad de Dios de usarlo como instrumento. La situación, el momento y la oportunidad no se produjeron por casualidad. Usted está donde está, por la providencia de Dios... para un tiempo como este. Tiene ante sí una oportunidad extraordinaria. Se acabaron las excusas. No culpe a otros de su propia negligencia para resolver el problema. No aminore la dificultad con decir: "No; las cosas no están tan malas". Deje de negar que hay problemas.

Ester había vivido en pasividad durante mucho tiempo, pero cuando llegó el momento definidor, actuó. Pida a Dios que despierte su corazón y le dé la valentía de Ester. Pídale que le de compasión y sabiduría, como se las dio a Mardoqueo. Usted puede marcar una diferencia. Ha llegado su momento.

El rey le hizo dos preguntas a Ester: "¿Cuál es tu petición, y te será otorgada? ¿Cuál es tu demanda?" Ester respondió a estas dos preguntas paralelas con respuestas también paralelas: "Séame dada mi vida por mi petición, y mi pueblo por mi demanda". Al responder de esa manera, le estaba diciendo que su vida y la vida de su pueblo eran una y la misma. Se identificó con los suyos. Aunque antes había tenido doble ánimo, ya no. El destino de su pueblo era su propio destino.

Nosotros debemos hacer esta misma petición mientras nos ponemos en la brecha a favor de los que nos rodean. Pero el Rey que escucha nuestra petición es mucho más poderoso que Jerjes. Por haberse identificado con la suerte del pueblo de Dios, Ester compartió el destino de su pueblo. Dios usó a esta mujer, esta mujer con defectos y que había sido una persona de doble ánimo anteriormente, para cambiar el curso de la historia.

Muchas veces damos por sentado que nada que nosotros hagamos tendrá una importancia real en el gran diseño de las cosas. No creemos que nuestra vida pueda hacer mella alguna en los grandes problemas que aquejan al mundo. Felizmente, Mardoqueo y Ester no razonaron así las cosas (al menos, después de haberse notado la

> El aporte de cada persona es importante. Todas las muestras de amor cuentan. Todas las obras de valentía marcan una diferencia.

amenaza latente). El aporte de cada persona es importante. Todas las muestras de amor cuentan. Todas las obras de valentía marcan una diferencia.

Cuando leemos la historia de Ester, nos damos cuenta de que se trata de un momento crucial en la larga historia del Evangelio de la gracia, desde Abraham hasta David y hasta Ester, y desde ella hasta Cristo, Pablo y todas las congregaciones de creyentes hasta hoy. Si Amán hubiera triunfado en su plan de exterminar a los judíos, la obra de Dios habría llegado a su fin. El pueblo judío habría dejado de existir, no habríamos tenido a Cristo, no habría Iglesia, y usted y yo no tendríamos esperanza alguna. Pero en su soberanía, su sabiduría y su gracia, el Dios Todopoderoso usó a dos personas para mantener el rumbo de la historia y cumplir su voluntad.

La historia de Ester no es un oscuro cuento tomado de la historia antigua. Es una parte importante de su historia y de la mía. La valentía de Ester y de Mardoqueo permitió que Jesús viniera, muriera y nos diera una vida nueva. Porque Ester se identificó con el pueblo de Dios, abrió las puertas al destino del futuro pueblo de Dios: usted y yo. En este relato no se menciona el nombre de Dios, pero vemos su cuidado providencial en cada una de sus líneas. Ningún poder; ni siquiera el edicto del rey, pudo resistir los propósitos y planes de Dios para su pueblo. Así fue entonces, y así sigue siendo hoy.

En la historia de Ester se nos permite mirar tras el escenario para ver a Dios obrando cuando nadie puede ver su mano. Aun en su noche más tenebrosa y en medio de las amenazas más feroces, Dios ha entretejido los hilos de la historia para formar un hermoso relato que habla de redención. En la vida de Ester, y en nuestra propia vida, podemos afirmar que Pablo tuvo razón cuando escribió: "Sabemos que a los que aman a Dios, todas las cosas les ayudan a bien, esto es, a los que conforme a su propósito son llamados" (Romanos 8:28).

¿Cuál es la petición que quiere presentar al Rey? Él lo está llamando ahora mismo. Vaya a Él. Sea valiente. Ha llegado su momento.

PIÉNSALO . . .

1. La belleza de la mujer (o el buen parecer del hombre) y las riquezas, ¿son una bendición o una maldición? Explique su respuesta.

2. ¿Qué significa ser "de doble ánimo"? Describa la división que se había producido en la vida de Ester. ¿Cuáles fueron sus causas, y qué peligros significaba?

3. Qué ejemplos puede dar de "momentos cruciales" en un matrimonio... en una familia... en una comunidad... y en una nación? ¿Cuáles son las razones de que hay quienes se levantan para aprovechar el momento, y cuáles las razones de que

otros buscan una excusa para alejarse de ellos? ¿Cuál es la petición que quiere presentar usted al Rey?

4. ¿Cuál fue el riesgo que corrió Ester? ¿Se identifica usted de alguna manera con la situación de ella? ¿Cuáles son los riesgos que correría usted si se diera cuenta que ha llegado el momento de responder con valentía?

5. ¿En qué sentido es Ester la heroína de esta historia? ¿En qué sentido es Mardoqueo el héroe?

6. ¿Cómo definiría y describiría usted la providencia de Dios a un amigo que no esté familiarizado con la Biblia? ¿Cuál es la evidencia más sorprendente de que Dios está obrando tras bambalinas en esta historia? (¡Tiene muchas y diversas opciones!)

7. ¿Qué le está diciendo Dios a usted a través de la historia de Ester?

3 NOÉ

. . . se lo jugó el todo por el todo, sin importarle el precio

"Y dijo Jehová: Raeré de sobre la faz de la tierra a los hombres que he creado, desde el hombre hasta la bestia, y hasta el reptil y las aves del cielo; pues me arrepiento de haberlos hecho. Pero Noé halló gracia ante los ojos de Jehová" (Génesis 6:7,8).

La ciudad de Nueva Orleans fue fundada en 1718. Solo cuatro años más tarde, un huracán la destruyó. El gobernador de Luisiana le advirtió al pueblo que se había edificado la ciudad a un nivel demasiado bajo. Había partes de ella que estaban bajo el nivel del mar. Sin embargo, ellos decidieron quedarse de todas maneras. En el año 2000, casi tres siglos después, el Cuerpo de Ingenieros del Ejército recomendó que se fortalecieran los diques de la ciudad. Calcularon que hacerlo costaría alrededor de treinta millones de dólares. A pesar de la sugerencia, los funcionarios decidieron que aquello era demasiado costoso. Cinco años más tarde, el huracán Katrina golpeó las costas de Luisiana, rompiendo los diques, inundando gran parte de la ciudad y matando a 1.833 personas. El costo de reconstrucción de la devastada ciudad fue de ochenta y un mil millones de dólares. Las advertencias parecen muchas veces absurdas, ridículas, tontas... hasta que nos azota un desastre.

Hoy las noticias están repletas de advertencias. Basta que pongamos atención:

- En la nación más rica del mundo, una de cada seis personas vive en pobreza.[9]
- Los estados informan que entre catorce, y treinta y dos por ciento de los adultos, beben en exceso.[10]
- La edad promedio en que una mujer se prostituye es catorce años. Noventa y dos por ciento de las prostitutas dice que no pueden dejar su estilo de vida porque no tendrían ingreso ni alimentos.[11]
- Según el FBI, en Estados unidos hay treinta y tres mil pandillas violentas en las calles, que se movilizan en moto, o que se han organizado en la prisión, con un total combinado de más de 1,4 millones de miembros[12]
- Muchos estados están aprobando leyes para permitir el matrimonio entre personas del mismo sexo y el consumo de la marihuana.
- Cerca de la mitad de la población del mundo vive con menos de dos dólares y medio al día.[13]
- En el mundo actual hay entre veinte y treinta millones de esclavos. Algunos son niños que se los obliga a trabajar, pero la mayoría son esclavos en la gran empresa del comercio sexual.[14]
- Los estados rebeldes ya han desarrollado o están tratando de desarrollar armas nucleares. Los líderes de esos estados amenazan con usarlas, y esto no es un simple alarde.

AYER Y HOY

Cuando comparamos las noticias de actualidad con las condiciones en que vivieron Noé y su familia, posiblemente pensaremos que las cosas no han cambiado mucho. En las generaciones que siguieron a la expulsión de Adán y Eva del huerto del Edén, los seres humanos no resplandecieron precisamente como luces sobre la cima de una colina. En una escalofriante descripción de una cultura malvada y corrompida, la Biblia dice: "Y vio Jehová que la maldad de los hombres era mucha en la tierra, y que todo designio de los pensamientos del corazón de ellos era de continuo solamente el mal [...] Y se corrompió la tierra delante de Dios, y estaba la tierra llena de violencia. Y miró Dios la tierra, y he aquí que estaba corrompida; porque toda carne había corrompido su camino sobre la tierra" (Génesis 6:5,11,12).

Aquel no era un problema aislado o limitado. Esta acusación es estremecedora: "Todo designio de los pensamientos del corazón de ellos era de continuo solamente el mal". Toda la raza humana había corrompido "su camino", lo cual incluye propósitos torcidos, relaciones abusivas, palabras repugnantes, y corazones entenebrecidos. La maldad no comienza con las acciones; comienza con pensamientos egoístas y torcidos. El pecado se concibe en la mente, se medita en el corazón, y después se realiza con la acción (Santiago 1:13–15). Es posible que solo haga falta un instante para que

La maldad no comienza con las acciones; comienza con pensamientos egoístas y torcidos.

una tentación secreta se convierta en un pecado visible, o que se convierta en un plan que fragüemos por mucho tiempo.

En su epístola a los Romanos, Pablo marca un contraste entre las consecuencias de los pensamientos malvados y las de los pensamientos santos:

> "Porque los que son de la carne piensan en las cosas de la carne; pero los que son del Espíritu, en las cosas del Espíritu. Porque el ocuparse de la carne es muerte, pero el ocuparse del Espíritu es vida y paz. Por cuanto los designios de la carne son enemistad contra Dios; porque no se sujetan a la ley de Dios, ni tampoco pueden; y los que viven según la carne no pueden agradar a Dios" (Romanos 8:5–8).

Por supuesto, hasta la gente malvada cree que hace lo recto, y por motivos también rectos. El asesino reclama que "su víctima se lo merecía". El violador insiste que "su víctima lo pidió". El mentiroso se encoge de hombros y dice: "Las cosas salieron mejor de esta manera". Los seres humanos tenemos una capacidad casi ilimitada para engañarnos a nosotros mismos y culpar a los demás.

Como reacción a aquella perversidad desenfrenada, el corazón de Dios estaba profundamente afligido. Tal vez pensemos que estaba furioso, pero el escritor del Génesis (que suponemos que fue Moisés), describe la respuesta de Dios ante el pecado de ese momento como la de Jesús cuando lloró ante la tumba de Lázaro: tenía el corazón destrozado. Hay quienes piensan que a Dios le encanta acribillar a quienes se alejan de Él, pero no pueden estar más equivocados. Dios solo quiere derramar amor y bendiciones en abundancia sobre los seres humanos, y se complace cuando nosotros le respondemos con un corazón agradecido. Dios es infinitamente paciente, como el padre o la madre de un pequeñuelo que comienza a andar y que cae constantemente. Jesús lloró ante la tumba de Lázaro y cuando entró en Jerusalén, y previó que la gente rechazaría el perdón que generosamente les ofrecía. Dios lloró en el relato de Noé, porque aquellos a quienes creó, a quienes amó; aquellos que Él anhelaba bendecir, le habían vuelto la espalda.

Cuando Dios le habló a Moisés, se identificó a sí mismo como "¡Jehová! ¡Jehová! fuerte, misericordioso y piadoso; tardo para la ira, y grande en misericordia y verdad" (Éxodo 34:6). *Tardo para la ira, y grande en misericordia.* Ese es el Dios que nosotros conocemos, amamos y servimos.

Muchos años más tarde, Jesús se referiría a Noé respecto a su regreso en gloria a la tierra: "Mas como en los días de Noé, así será la venida del Hijo del Hombre" (Mateo 24:37). Por tanto, cuando leamos el relato sobre Noé y el Diluvio purificador, no lo debemos relegar al nivel de los cuentos de hadas. Es un recuento histórico de una humanidad malvada, corrupta, y caída. Trata un problema que todavía tenemos hoy, y que tendremos hasta que suene la trompeta y Jesús vuelva en forma corporal a la tierra para establecer su reino eterno.

¿En qué condiciones estaba la humanidad cuando comienza este relato? Se nos habla de una población a punto de explotar, de perversión sexual, de actividad demoníaca, de motivaciones malignas, de corrupción cultural y de violencia. Hoy vemos condiciones similares: una población de casi siete mil millones de personas; una epidemia de pornografía y sexo explícito en los medios de comunicación; una generalización del adulterio; la fascinación con los zombis y los demonios; niños que abusan de otros niños de manera tan horrible, que estos se suicidan, y problemas persistentes con las drogas, la violencia, las pandillas, las violaciones y los asesinatos.

Durante la creación, Dios celebró una y otra vez: "Es bueno." Ya en los días de Noé, tuvo que decir: "Esto no es bueno; de ninguna manera." Se había regocijado en la creación, y ahora se lamentaría de su destrucción.

Cuando una sociedad fracasa en lo moral, Dios busca a un hombre o una mujer que se pare en la brecha; alguien que tenga esperanza cuando no parece que no la hay, y que guíe aunque casi nadie lo siga. Dios halló a Noé.

¿POR QUÉ?

Ya hemos visto que una brecha es un lugar de debilidad, vulnerabilidad, y peligro. Es un lugar donde quedan al descubierto las necesidades más urgentes; donde hay gente que se siente amenazada. Si una brecha es un lugar donde se ha puesto en peligro la integridad y se han destrozado las normas de Dios, ¡Noé estaba parado en una de las brechas más grandes y peligrosas de toda la historia! Noé nos demuestra que es posible ser piadoso en medio de una generación impía.

La mayoría de las brechas que enfrentamos están en nuestra propia vida, o en nuestra familia. Tal vez estemos luchando con un hábito pecaminoso que nos parece imposible de eliminar. La economía, la salud o la profesión se han vuelto un auténtico desastre. Nuestro matrimonio está atravesando una situación muy difícil, o tal vez se está desintegrando ante nuestros propios ojos. Se nos ha ido un hijo, y se ha apartado de Dios. Uno de nuestros padres ya no puede cuidar de sí mismo. Estas son las brechas más frecuentes en nuestra vida. Pero si usamos una lente más amplia, veremos amenazas mucho mayores, al nivel de toda la sociedad. Esas amenazas no son solo peligrosas para una persona o una familia, sino que pueden empantanar a toda una cultura. Esa es la clase de brecha que enfrentó Noé.

Pararnos en la brecha es algo costoso. Exige el sacrificio de nuestro tiempo, nuestra energía y nuestro corazón. Podemos estar seguros de que los demás nos recibirán con hostilidad, nos ridiculizarán y se burlarán de nosotros, incluso aquellos que pensábamos que nos apoyarían y valorarían nuestros esfuerzos. Noé no imaginaba lo mucho que tendría que sacrificar cuando le respondió que sí a Dios. No le importaba tampoco. Se lo jugó el todo por el todo, sin importarle el precio.

Pararnos en la brecha es algo costoso. Exige el sacrificio de nuestro tiempo, nuestra energía y nuestro corazón.

En el Antiguo Testamento solo se dice expresamente de dos personas que "hallaron favor ante los ojos de Dios": Noé y Moisés. Ambos rescataron al pueblo de Dios de la aniquilación; uno del juicio de Dios por la maldad de la humanidad, y el otro del juicio de Dios sobre el faraón, el pecado, y la muerte. Noé construyó un arca para salvar a los seres humanos y los animales; Moisés dio la orden de sacrificar un animal para salvar a su pueblo. Noé navegaría sobre un Diluvio destructor; Moisés señalaría la sangre de un cordero para proteger al pueblo del Destructor, del Ángel de la Muerte. La Biblia nos habla de tres arcas: la inmensa embarcación de Noé, la cesta donde Jocabed puso a Moisés para que flotara en el río Nilo y lo encontrara la hija del faraón, y el arca del pacto, que contenía los Diez Mandamientos, una vasija con maná y la vara de Aarón. Las tres arcas protegían; las tres señalaban la salvación de Dios; las tres nos hablan de su gracia.

Muchas personas se confunden cuando leen la Biblia. Ven dos Dioses diferentes: un Dios violento en el Antiguo Testamento y un Dios amable (Jesús) en el Nuevo Testamento. Mi conclusión es que estas personas no han leído mucho la Biblia, porque la historia de la gracia y la redención de Dios se encuentra en cada una de sus páginas, desde la primera hasta la última. El mensaje de las Escrituras no se divide limpiamente en dos partes: la ley en el Antiguo Testamento y la gracia en el Nuevo Testamento. Más bien, veo que la Biblia abarca cuatro grandes temas: la creación, la caída, la redención, y la restauración. La Creación y la caída de la raza humana en el pecado son el relato de los tres primeros capítulos del Génesis. La restauración definitiva del huerto, el Nuevo Cielo y la Nueva Tierra, están descritos al final del Apocalipsis (y en unos cuantos pasajes más dispersos). ¡Todo lo que encontramos entre estos dos extremos tiene que ver con la gracia y la redención de Dios!

Ofrezco esta explicación, para que la gente no dé por sentado que Noé halló favor ante los ojos de Dios porque obedeció reglas al pie de la letra e impresionó a Dios. La fe en la gracia redentora de Dios es, siempre ha sido, y siempre será la que nos salva y nos hace miembros de la familia de Dios. "Y [Abraham] creyó a Jehová, y le fue contado por justicia" (Génesis 15:6; Romanos 4:3). También el escritor de Hebreos nos recuerda: "Sin fe es imposible agradar a Dios" (Hebreos 11:6).

La palabra *favor* significa "gracia". Noé halló la gracia de Dios, o para ser más precisos, fue la gracia de Dios la que encontró a Noé. El favor de Dios es inmerecido; nunca nos lo podremos ganar. Nunca podremos hacer suficientes cosas para impresionar a Dios. Los que acuden a Dios deben ser "pobres en espíritu", y darse cuenta de que sin Dios están vacíos y en la bancarrota espiritual. Debemos reconocer que estamos tan llenos de defectos, que hizo falta la muerte del Hijo de Dios para pagar por nuestros pecados, pero Él nos ama de tal manera, que se sintió contento de hacerlo.

En el Antiguo Testamento, los sacrificios de animales eran símbolo del sacrificio por excelencia, aún en el futuro. Los corderos sin mancha que eran sacrificados en el altar señalaban al "Cordero de Dios que quita los pecados del mundo". Lo que Dios ofrece, ha sido lo mismo para Noé, Abraham, Moisés, David, Pablo, Pedro y su tía María: "Confía en mi sacrificio por tus pecados y te convertirás en mi amado hijo por la fe".

Noé era un ejemplo fuera de lo común en su tiempo, porque había aceptado la gracia de Dios. No era como la gente que lo rodeaba. Ellos se deleitaban en la maldad; él se deleitaba en Dios. El propósito que ellos tenían era alcanzar todo lo que tuvieran a la mano, sin importar la manera. El propósito de Noé era agradar a Aquel que le había ofrecido su asombrosa gracia.

En el Sermón del Monte, Jesús hace un contraste entre dos caminos, dos puertas, dos árboles y dos casas. Muchos piensan que estaba hablando de la gente buena y la gente mala. No es así. Más bien, describió dos clases de personas que están haciendo cosas buenas, pero por razones completamente diferentes. Hay quienes hacen cosas buenas y que usan esas acciones como una palanca para mover a Dios a amarlos y aceptarlos (y probablemente para impresionar a quienes los rodean). Otros hacen cosas buenas, sencillamente porque los mueve una gozosa gratitud ante la misericordia que Dios ha derramado sobre ellos. Las mismas actividades, pero con motivos muy diferentes.

La obediencia de Noé fue una respuesta a la gracia de Dios. Cuando el amor redentor de Dios nos llena el corazón, nos encontramos llenos de una valentía increíble.

- Podemos ser obedientes a Dios aunque estemos rodeados de gente egoísta y rebelde.
- No jugamos con Dios, sino que somos transformados por su gracia.
- Podemos manifestar una gran fe, aunque los demás estén llenos de temor.
- Decidimos seguir las instrucciones de Dios, en vez de vivir movidos por sentimientos erráticos.
- Estamos dispuestos a dar el todo por el todo ante los propósitos de Dios, aun cuando los demás griten: "¡Cuidado, que aquí voy yo, el mejor de todos!"

Dios había sido sumamente paciente con la gente malvada de los tiempos de Noé. Aunque tenía el corazón destrozado porque le habían vuelto la espalda, dijo: "No contenderá mi espíritu con el hombre para siempre, porque ciertamente él es carne; mas serán sus días ciento veinte años" (Génesis 6:3). Les estaba dando ciento veinte años para que se arrepintieran y regresaran a Él.

Durante ese tiempo, le dio instrucciones a Noé y a sus hijos Sem, Cam y Jafet para que construyeran una embarcación gigantesca, y construirla les llevó todo ese tiempo. Ya podrá imaginar el sarcasmo y las burlas que sufrieron de la gente que los veía trabajar día tras día.

Noé no sufrió en silencio, mas bien le predicó a los pecadores (2 Pedro 2:5). No sé si sus hijos y la esposa de cada uno "cantaban en el coro" antes del mensaje, y tengo mis dudas de que recogieran las ofrendas. Sin embargo, durante ciento veinte años, Noé predicó el mismo sermón: "Ustedes han roto el corazón a Dios, pero Él los ama. Regresen a Él". Al parecer, nadie le hacía caso. Cuando se cerró la puerta del arca, solo Noé y su familia estaban a bordo. Si yo hubiera sido Noé, me habría sentido bastante desanimado, pero la fe de Noé era fuerte. Él y sus hijos siguieron trabajando, siguieron construyendo, siguieron confiando, y siguieron esperando la lluvia que caería. Sabían que vendría, y cuando llegara, estarían preparados.

La Biblia dice: "Noé, varón justo, era perfecto en sus generaciones; con Dios caminó Noé" (Génesis 6:9). Veamos estas características.

Noé era justo.

Esta es la primera vez que aparece la palabra justo en la Biblia. Se puede usar de dos maneras diferentes: como señal de la posición que ocupa la persona ante Dios, y como descripción de su conducta. Los seres humanos estamos inherentemente llenos de pecado y separados de Dios. ¿Cómo es posible que seamos considerados justos? Solo como regalo de la gracia. Confesamos que somos pecadores y que necesitamos un Salvador.

Como respuesta, Dios nos perdona y nos limpia de toda maldad (1 Juan 1:9), y después va un paso más allá. Nos reviste de la justicia del propio Cristo. Cuando el Padre nos mira, nos ve envueltos en la justicia de Jesucristo.

Pablo explica el intercambio más grandioso de la historia: "Al que no conoció pecado [a Cristo], por nosotros lo hizo pecado, para que nosotros fuésemos hechos justicia de Dios en él" (2 Corintios 5:21). En la cruz, Jesús cargó con todos nuestros pecados y murió en nuestro lugar. Recibió el castigo que nosotros merecíamos. Cuando confiamos en Cristo, su justicia nos es acreditada a nuestro favor. Asombroso.

Cuanto más el maravilloso amor de Dios derrite nuestro corazón para que se asemeje a Él, tanto más cambian nuestras acciones. Con mucha más frecuencia querremos lo que Dios quiere, nos interesaremos en lo que Él se interesa, y daremos, amaremos y serviremos como lo hizo Jesús. Entonces, nuestra nueva posición transforma nuestra conducta: movidas por la gracia, nuestras acciones se convierten en acciones justas.

¿Cómo pudo Noé obedecer, mantenerse fuerte y hablar en nombre de Dios en medio de una generación perversa? Solo porque había experimentado ese intercambio: sus pecados por la justicia de Dios.

Noé era perfecto.

La justicia describe la posición de Noé ante Dios; la perfección ante la gente describe su conducta para con la gente. Esto no quiere decir que no pecara. Hay una sola persona en toda la historia que ha armonizado con esa descripción. Pero Noé era un hombre íntegro: sus palabras eran consecuentes con sus acciones.

Noé era fiel.

Antes de traducir la versión inglesa de la Biblia conocida como *The Message* [El mensaje], Eugene Peterson escribió un libro titulado Una obediencia larga en la misma dirección: El discipulado en una sociedad instantánea. El tema central de este libro es muy importante: Una cosa es obedecer a Dios solo por un tiempo, y otra totalmente distinta es serle fiel a largo plazo, a través de valles y montañas, en los tiempos buenos y en los malos, cuando vemos su mano con claridad y cuando nos parece que está muy distante. Durante los ciento veinte años que pasó Noé en su dura labor, bajo un cielo sin lluvia y acosado constantemente, mostró una asombrosa fidelidad. Su vida fue toda una larga obediencia en una misma dirección.

Una cosa es obedecer a Dios solo por un tiempo, y otra totalmente distinta es serle fiel a largo plazo, a través de valles y montañas, en los tiempos buenos y en los malos, cuando vemos su mano con claridad y cuando nos parece que está muy distante.

A la mayoría de nosotros se nos hace difícil permanecer fieles al llamado de Dios por más de una o dos semanas, sobre todo si tenemos que enfrentar la hostilidad de alguien y alguna demora que parece ilógica. ¡Noé siguió adelante durante ciento veinte años! Y según el relato que encontramos en el Génesis, Dios sólo le habló una vez. Muchas personas se sienten inseguras en cuanto a lo que Dios quiere de ellas, y quieren que les repita su garantía una y otra vez. Es posible que Noé también lo haya deseado, pero no lo exigió. Dios le había hablado una vez. Aquello fue suficiente para él.

Al final del proyecto de construcción, la Biblia hace un recuento del desempeño de Noé: "Y lo hizo así Noé; hizo conforme a todo lo que Dios le mandó" (Génesis 6:22). ¡Sorprendente! Muchos años más tarde, Jesús relataría una parábola acerca de tres siervos. Dos de ellos oyeron una evaluación muy parecida a la de Noé: "Bien, buen siervo y fiel; sobre poco has sido fiel, sobre mucho te pondré; entra en el gozo de tu señor" (Mateo 25:21).

¿Fue importante la fidelidad de Noé? ¡Claro que lo fue! Si se hubiera dado por vencido, o hubiera desobedecido a Dios, nadie habría sobrevivido. Abraham no hubiera recibido la promesa, Moisés no habría nacido, David no habría sido rey y nosotros no existiríamos. Su ADN y el mío se remonta a Noé y su familia. La fidelidad y la obediencia a Dios de un hombre tuvo una importancia crucial para la historia del planeta. Noé se puso en la brecha por todos nosotros. La obediencia de un solo hombre le dio forma a nuestro destino. El autor de Hebreos nos dice: "Por la fe Noé, cuando fue advertido por Dios acerca de cosas que aún no se veían, con temor preparó el arca en que su casa se salvase; y por esa fe condenó al mundo, y fue hecho heredero de la justicia que viene por la fe" (Hebreos 11:7).

Noé construyó un barco en tierra firme. A los demás, sus acciones le parecían absurdas, pero se trataba de un acto de auténtica fe en Dios y en su mandato. Su fe iba unida a un "temor reverente". Tenía la buena clase de temor: el temor de Dios, no temor de lo que la gente pensara de él. Es la clase de reverencia que sentiríamos si nos presentaran al presidente del país, o a un monarca de alguna nación. Noé creía que Dios es majestuoso, todopoderoso, omnisciente, sabio, amoroso y fuerte más allá de toda comprensión humana. Dios no es nuestro mayordomo ni nuestro mesero. No es nuestro "amiguito", ni tampoco Papá Noel. ¡No nos atrevemos a entrar en tratos con el maravilloso Dios de la creación, que cuando habló, lanzó las estrellas al espacio! No; lo que hacemos es inclinarnos humildemente a sus pies, agradecerle su gracia y ofrendarnos a Él en gozosa obediencia. Eso es lo que Él merece.

> A Dios le interesa muchísimo más nuestro carácter que nuestra reputación. Y si nosotros somos listos, adoptaremos esa misma prioridad.

Antes que Noé construyera el arca, Dios moldeó la fe y el carácter de Noé. Dios no le confía empresas poderosas a personas que no creen que Él es digno de nuestro amor y lealtad. El carácter es lo que somos cuando nadie nos está mirando.

La reputación es la manera en que la gente percibe nuestro carácter. A Dios le interesa muchísimo más nuestro carácter que nuestra reputación. Y si nosotros somos listos, adoptaremos esa misma prioridad.

Fácilmente podemos imaginar la tentación que enfrentaban Noé y sus hijos de ceder ante las críticas, y retractarse de obedecer lo que Dios les había ordenado. Sus tres hijos eran muchachos jóvenes cuando comenzó todo este proceso. Es posible que alguno de ellos haya dicho: "Oye, papá, queremos dejar de trabajar ahora. Nos vamos a una fiesta; ¿está bien?"

Noé le habría respondido: "Hijo, no pierdas el enfoque. Esto es importante. De hecho, el futuro del mundo depende de nosotros".

Y también es probable que sus vecinos pasaran todos los días por donde él estaba, y se burlaran: "Oye, Noé, ¿tú crees que llueva hoy? No; yo tampoco he visto lluvia. Eres un necio. Estás desperdiciando tu vida, hombre. ¡Deja de construir ese armatoste y búscate un trabajo de verdad!"

Después de veinte años, ¿tuvieron dudas Noé y sus hijos? Después de cuarenta o cincuenta años de sudor y duro trabajo, y sin lluvia alguna, ¿se preguntaron alguna vez si era verdad que Dios les había hablado tiempo atrás? Después de noventa años, cuando el arca estaba casi terminada, ¿miraron las jaulas y los establos vacíos y se preguntaron en qué estarían pensando? ¡Aquello parecía cosa de locos! No; no se nos indica que alguna vez hayan dudado. La Palabra de Dios se mantenía clara y fuerte. Estaba grabada en sus mentes y sus corazones. El sudor, las hostilidades y los retrasos no podrían arrancar de ellos la clara orden recibida de Dios.

El autor de Hebreos nos dice que Noé "condenó al mundo". No pronunció juicio sobre aquella gente malvada; eso le tocaba a Dios. Pero su fidelidad y sus obedientes acciones marcaban un fuerte contraste con la maldad de la gente. Él era una luz en medio de un mundo en tinieblas, y su luz mostraba lo terriblemente tenebroso que era en realidad el corazón de los demás.

Noé no exigió que Dios le diera todas las respuestas antes de comenzar a construir el arca, ni tampoco le exigió respuestas mientras trabajaba. Se limitó a obedecer lo que Dios le mostró que hiciera. Me puedo imaginar a la gente tratando de entrevistarlo para un programa de noticias.

"Sr. Noé, ¿por qué está usted construyendo un barco tan grande en tierra firme?"

"Bueno, porque Dios me dijo que lo hiciera."

"Sí, pero eso no tiene sentido."

"Lo sé."

"¿Flotará esa cosa?"

"Sí, ese es el plan."

"¿Sobre qué va a flotar?"

"Hum... Sobre el agua."

"¿Cuánta agua hará falta para hacer flotar esa cosa?"

"Me imagino que mucha."

"¿Y de dónde vendrá tanta agua?"

"No estoy seguro."

"¿De la lluvia?"

"Tal vez."

"Aquí no ha llovido en años. ¿Está usted loco?"

"No. Solo estoy haciendo lo que Dios me dijo que hiciera."

"¿Y acaso no se necesita saber qué sucederá antes de comenzar un proyecto?

"No, en realidad, no. Yo todo lo que necesito es recibir instrucción de Dios. Él me dará más información cuando estime que la necesito."

¡Que Dios nos dé a más de entre nosotros un espíritu de obediencia como el de Noé! Tal vez no entendamos nuestra situación, y hasta es posible que ni siquiera nos agrade, pero necesitamos con urgencia la fe y el valor necesarios para seguir adelante con lo que Dios nos ha encomendado, pase lo que pase.

Noé era un constructor, no un derrotista. Era fiel, no miedoso. Había escuchado a Dios y lo había dado todo. Había recibido una de las órdenes aparentemente más absurdas y extrañas que haya dado Dios jamás, pero no se acobardó.

Su historia nos muestra que no se necesita toda una aldea para marcar una diferencia. Noé y su familia, ocho personas, eso es todo, fueron fieles a Dios. Su tenacidad, su fe y su valor, no solo le dieron *forma* al destino de todas las personas que hemos vivido después de ellos, sino que también nos *proporcionó* un destino.

A mediados del siglo diecinueve, muchos jóvenes y aventureros líderes cristianos navegaron hasta los rincones más lejanos del mundo para llevar el Evangelio a los que nunca habían oído hablar de Cristo. Uno de ellos fue Robert Jermain Thomas, quien no era un hombre común y corriente. Dios lo llamó a llevar el Evangelio a Corea, así que hizo un viaje para explorar el país y ver si podía discernir una manera de abrirse paso al corazón de la gente. En aquel tiempo, Corea era conocida como "El Reino Ermitaño". Los extranjeros eran despreciados y se les prohibía vivir allí. Thomas se enfrentó a su hostilidad, pero estaba decidido a alcanzar a aquel pueblo. Creía que Dios lo había llamado a marcar una diferencia en ellos, cualquiera que fuera el precio.

Thomas hizo su segundo viaje a bordo de un barco de la Marina de Estados Unidos. Aunque las fuerzas de tierra atacaron al barco con fuego de cañón, él no se echó atrás en su misión. Con los brazos cargados de Biblias, se abrió paso hasta la playa. Un soldado coreano lo hirió con una espada, pero él le entregó a aquel hombre "un libro rojo", suplicándole que lo tomara. Thomas murió en la orilla; dio su vida por un hombre (y una nación) que lo odiaba.[15]

Nosotros no tenemos que navegar hasta países distantes, ni volver la vista atrás a lo largo de los siglos para encontrar personas que lo dan el todo por el todo, con el fin de ponerse en la brecha por otros. En nuestra comunidad de Chicago, las pandillas arruinan la vida de los jóvenes. Anthony era miembro de una de esas pandillas y asistía a nuestra iglesia, y en un retiro de varones fue gloriosamente salvo. Dios le ha dado un papel exclusivo y crucial en la vida de los jóvenes de nuestra zona. Cuando ellos pasan por los ritos de iniciación, la pandilla es su dueña. Toda su identidad tiene que ver con el hecho de ser parte de esa pandilla. Si alguna vez quisieran dejar la pandilla, se arriesgan a recibir fuertes golpizas, y a veces, a que los maten.

Anthony se ha convertido en defensor de los miembros de las pandillas que quieren apartarse de ese estilo de vida. Parte de su ministerio consiste en hacer conexiones con estos muchachos, amarlos y compartir con ellos las buenas nuevas del Evangelio. Si alguno quiere dejar ese estilo de vida, él se reúne con los líderes de la pandilla para pedirles que dejen libre a ese joven. Les dice: "Él está tratando de andar recto. No le hagan daño". Anthony conoce todo esto por experiencia propia. Se ha ganado el respeto de los líderes de pandillas de Humboldt Park, y Dios lo ha usado para liberar a los jóvenes de ese callejón sin salida que es la vida de las pandillas.

Tal vez usted sea la única persona de su familia que confía en que Dios puede obrar en la vida del ser humano. Manténgase fuerte. No se dé por vencido. Siga creyendo. Siga trabajando. Siga construyendo. Es posible que usted sea la única persona de su vecindario, de su escuela o de su lugar de trabajo que exalta a Jesucristo. Encontrará hostilidad, y posiblemente con crueldad; sin embargo también podría ser sutil, como los chismes. Manténgase firme. No se dé por vencido. Siga de pie en esa brecha, por el bien de los que le rodean.

TAL VEZ . . . SOLO TAL VEZ

El tiempo en que Dios obra a veces parece angustiosamente lento. Recibimos una promesa, y confiamos que Dios la cumplirá, pero nos parece que pasa una eternidad antes de ver su cumplimiento. No estamos solos en nuestra percepción de lo lento que obra Dios. Los profetas de Israel predijeron la llegada de un Mesías que vendría a salvar al mundo, pero lo hicieron siglos antes de que Jesús viviera al mundo. Cuando Él estuvo en la tierra, nos prometió que regresaría, pero ya han pasado dos mil años. Noé y sus hijos trabajaron en el arca durante ciento veinte años antes de ver que una sola gota de lluvia caía para hacer flotar la embarcación.

Cuando nos sintamos impacientes con Dios, pensemos en la perspectiva que nos ofrece Pedro:

> "Mas, oh amados, no ignoréis esto: que para con el Señor un día es como mil años, y mil años como un día. El Señor no retarda su promesa, según algunos la tienen por tardanza, sino que es paciente para con nosotros, no queriendo que ninguno perezca, sino que todos procedan al arrepentimiento" (2 Pedro 3:8,9).

Jesús dijo que cuando Él vuelva, la situación del mundo será parecida a lo que sucedió en tiempos de Noé. Cuando comparo las profecías de la Biblia con los relatos que aparecen en el periódico del día, me pregunto si no estaremos viviendo en la generación que verá el regreso de Cristo. Hay muchos indicadores que son posibles hoy desde que Jesús ascendió al cielo después de su resurrección. Israel fue destruido como nación por las legiones romanas de Tito en el año 70 d.C., y durante casi mil novecientos años, los judíos no tuvieron un hogar nacional propio. Sin embargo, el 8 de mayo de 1948, Israel volvió a nacer. Otra profecía dice que todas las personas del mundo verán el asesinato de dos hombres en Jerusalén, y que verán a Jesús en las nubes cuando la trompeta suene, y Él regrese.

Durante centenares de años, los eruditos han tratado de explicar esas declaraciones diciendo que son metáforas. Sin embargo, ahora los canales de noticias de la televisión por cable y la internet hacen posible que todo aquel que tiene acceso a un televisor, un móvil inteligente o una computadora pueda ver al instante cuanta escena se esté produciendo en algún lugar de la tierra. El Oriente Medio está listo para estallar. Algunos antiguos enemigos ahora cuentan con poder nuclear. Todo lo que haría falta es una pequeña chispa para encender esa región del mundo en una batalla que se parecería mucho a la descripción que presenta la Biblia del Armagedón, la última y más grande de todas las batallas de la tierra.

Cuando yo menciono esta posibilidad, es posible que haya quienes muevan la cabeza y digan: "¡Ah, pastor Choco, usted está loco! Solo son palabrerías. Eso no ha sucedido en dos mil años. ¿Por qué alguien habría de creer que puede suceder hoy?" Lo sé, porque eso es precisamente lo que yo antes decía. Y eso es también lo que se decía de Noé. Más tarde o más temprano, va a suceder. Jesús nos dijo que leyéramos las señales y nos preparáramos. Eso es todo lo que estoy tratando de hacer.

La maldad, tanto entonces como ahora, causa sufrimientos intensos e innegables en las familias, las comunidades y las naciones. Dios nos ha llamado a construir nuestra propia arca, la Iglesia, en medio del diluvio de maldad de nuestra cultura. ¿A quiénes invitaremos a que suban a bordo? A todos los que quieran venir. Ofreceremos justicia para los débiles y desvalidos, esperanza para los adictos, amor para los maltratados, protección para los vulnerables, y el perdón divino para los culpables.

Dios no se deleitó en destruir el mundo. Le destrozó el corazón, pero aquel diluvio purificador se llevó la maldad y el sufrimiento. Le dio a la humanidad un nuevo comienzo. Ahora Dios nos ofrece a todos nosotros una segunda oportunidad, y es increíblemente paciente mientras espera la respuesta de cada persona.

Dios nos ha llamado a construir nuestra propia arca, la Iglesia, en medio del diluvio de maldad de nuestra cultura. ¿A quiénes invitaremos a que suban a bordo? A todos los que quieran venir.

Él también nos está preguntando a aquellos de nosotros que le hemos dado una respuesta positiva, si estamos dispuestos a dar el todo por el todo, como Noé. Es imposible aparentar una obediencia larga y en la misma dirección; al menos, no por mucho tiempo. Cuando oigamos el claro llamado de Dios a obedecerle, no confiemos en nuestra propia justicia, sino disfrutemos de la misericordia, la gracia y el amor del Dios que nos reviste con la justicia de Cristo. Entonces, con el corazón lleno y la mente clara, construiremos, serviremos, daremos y nos interesaremos en todos aquellos que estén dispuestos a tomarnos de la mano y unírsenos.

Noé se paró en la brecha a favor de toda la humanidad. Usted y yo podemos pararnos en la brecha, al menos por unos cuantos; o tal vez por uno solo.

PIÉNSALO . . .

1. ¿Cuáles son las semejanzas y las diferencias entre la cultura de los tiempos de Noé y la nuestra?

2. ¿Por qué es importante que comprendamos que Dios sufrió profundamente a causa del pecado, y no sintió placer alguno al destruir al mundo?

3. Describa la justicia de Noé, su perfección y su fidelidad. ¿Cuáles son los principios de este capítulo que le llaman más la atención?

4. ¿Cómo describiría usted "una larga obediencia en la misma dirección"? ¿Por qué hay tanta gente que se siente derrotada demasiado temprano? ¿Qué lo ha llamado Dios a ser y hacer? ¿Cómo le ha respondido usted?

5. ¿Qué clase de temor de Dios es bueno y adecuado? ¿Tiene usted esta clase de temor? Explique su respuesta.

6. ¿Piensa usted que es sabio, o que es absurdo pensar en la posibilidad de que la predicción de Jesús sobre la situación del mundo cuando se produzca su regreso esté de acuerdo con lo que sucede en nuestros tiempos? Si es sabio, ¿qué clase de preparación necesita usted?

7. ¿Qué le está diciendo Dios por medio de la historia de Noé?

4 DAVID

. . . fue ungido por Dios para hacer una obra

"Y Samuel tomó el cuerno del aceite, y lo ungió en medio de sus hermanos; y desde aquel día en adelante el Espíritu de Jehová vino sobre David"
(1 Samuel 16:13).

A veces se considera la historia como una serie de fases de fuerzas culturales impersonales (el Renacimiento, la Revolución Industrial, etc.) que en ocasiones convergen y crean conflictos, como el del comunismo y la democracia, o el de los demócratas y los republicanos. Es cierto que las ideologías y las filosofías políticas dan forma a los acontecimientos. Sin embargo, cuando miramos más de cerca estas situaciones, es inevitable que nos encontremos con una persona, o un pequeño grupo de personas, que han tenido la valentía de hacer lo que era necesario, muchas veces enfrentando grandes riesgos y sacrificios personales, a favor de una causa en la cual han creído. Aunque esas personas se hallaran ya en puestos prominentes antes de entrar a la arena para luchar por una causa, es muy frecuente que surgieran de la oscuridad para ponerse valientemente en la brecha.

Recordamos a David como el mayor de todos los reyes de Israel, el mayor hasta la llegada del Rey prometido, el Hijo de David, quien aparecería un milenio más tarde. Sin embargo, al principio ni siquiera su propia familia creía en él. Era un don nadie, pasado por alto, despreciado y abandonado. ¡No era campeón ni siquiera bajo su propio techo!

ENTONCES Y AHORA

David nació en un mundo en el cual el pueblo de Dios estaba angustiado y desanimado. Los filisteos y otros enemigos habían atacado sus asentamientos. Estos brutales filisteos habían vivido en la tierra durante siglos, pero se habían comportado de una manera especialmente implacable durante el período de los jueces. El pueblo de Israel estaba cansado de que lo asaltaran una y otra vez, así que le pidió a Dios que le diera un rey. Ellos querían ser como las demás naciones. Querían que fuera un hombre, y no Dios, quien los gobernara.

Cuando no fue posible disuadirlos, Dios les dio exactamente lo que le habían pedido. Hizo ungir a Saúl, alto y bien parecido, para que fuera su primer rey. Durante un tiempo, el gobierno de Saúl pareció prometedor, pero pronto mostró que no estaba a la altura de la tarea que se le había encomendado. Cuando el poderoso ejército filisteo se formó para la batalla contra Saúl y sus aterrados hombres, él debió esperar pacientemente, como Dios le había indicado (1 Samuel 10:8). Pero, dejó que el pánico lo dominara y tomó la situación en sus propias manos (1 Samuel 13:5–14).

Una brecha es un lugar donde hay debilidad, vulnerabilidad, y peligro. En aquellos momentos de su historia, el pueblo de Dios estaba metido en una gran brecha. Su supervivencia estaba en la balanza. Estaban desmoralizados, quebrantados, y sin esperanza alguna. Cuando el ejército filisteo tomó su posición en el valle, estaba poniendo en peligro el destino del pueblo de Dios. Saúl había demostrado que no era un líder capaz, pero aún era él quien mandaba. La situación parecía desesperada.

Cuando no se valoran las normas de Dios, el resultado puede ser corazones quebrantados y sociedades destruidas. El racismo, las restricciones a la inmigración, la política económica, la oración en las escuelas, el descuido de los indigentes y muchos problemas más que afectan a la sociedad, no reciben la atención que se merecen. Dios valora la justicia, la misericordia y el amor. Cuando nosotros descuidamos estas cosas, nuestra cultura sufre con la presencia de brechas devastadoras. Nos sentimos quebrantados, abatidos y vulnerables. La decadencia gradual produce angustia, y también brotes de violencia, pero es más fácil encogerse de hombros y no preocuparse por la situación, porque ha avanzado durante tanto tiempo… y al parecer, a nadie le importa.

Dios valora la justicia, la misericordia y el amor. Cuando nosotros descuidamos estas cosas, nuestra cultura sufre con la presencia de brechas devastadoras.

Hoy, no nos enfrentamos al ejército filisteo, pero sí nos enfrentamos a otros enemigos:

- El índice de pobreza es alarmantemente alto en la cultura más rica del mundo.
- Uno de cada cinco niños se acuesta con hambre cada noche en los Estados Unidos.
- La malnutrición afecta a casi la tercera parte de los niños en los países en desarrollo.
- Más de tres millones de jovencitos dejan la escuela secundaria cada año, y muchos de los que se gradúan, apenas saben leer.
- Hubo un tiempo en que nos afligió que uno de cada dos matrimonios terminara en divorcio, pero en la actualidad, son muchas las parejas que ni siquiera se molestan en casarse. Cambian de pareja, como si cambiaran automóvil.
- Hace veinte años, nuestra cultura estaba claramente dividida en el tema del aborto. Hoy mueren millones de niños sin que se escuche una voz de protesta.
- Hace una década, la violencia doméstica y la pornografía eran temas de importancia, pero hoy esas preocupaciones son eclipsadas por los millones de jovencitas que han sido víctimas del tráfico de seres humanos.
- Solo hace unos pocos años, los líderes debatían acerca de la enseñanza de la abstinencia sexual en las escuelas, pero hoy la actividad sexual entre los jovencitos es algo que casi se da por seguro.
- Hace algunas décadas, el centro de atención de nuestra nación era los derechos civiles; hoy es la protección de los derechos de los homosexuales.

- En el pasado debatíamos sobre la oración en las escuelas, pero hoy estamos educando una generación de jovencitos cuyas "verdades" las extraen del agresivo mensaje que comunican las canciones "hip–hop".
- En los años cincuenta, setenta y seis por ciento de los estudiantes de secundaria decían tener temor de Dios. En el año 2000, solo cuatro por ciento se declaraban temerosos de Dios. En otras palabras, noventa y seis por ciento de los jóvenes que salen hoy de las escuelas secundarias no respetan o temen a Dios y, por consecuencia, no respetan a ninguna otra autoridad.
- En un año reciente, Estados Unidos deportó a 409.849 inmigrantes, y destrozó así la unión de familias y comunidades.[18]

En el punto más álgido de la Guerra Fría, en 1955, el presidente Eisenhower se preparó para un encuentro con los líderes soviéticos en la Conferencia de Paz de Ginebra. Ambas naciones habían desarrollado bombas de hidrógeno que son mucho más poderosas que las bombas atómicas que detonaron sobre Japón al final de la Segunda Guerra Mundial. Muchas personas creían que bastaba solo un error para la destrucción total de la humanidad. Antes de salir a la conferencia, el presidente habló en una transmisión nacional de televisión para instar al pueblo a ir a las iglesias y orar por la paz. Esa clase de petición por parte de un líder de un país era algo común en ese entonces; hoy es inimaginable.

Estamos enfrentando una avalancha de inmoralidad que quiere arrasar con nuestra tierra. Hace solo una generación, éramos los cristianos los que definíamos la cultura; en cambio ahora se nos percibe como desfasados respecto a la cultura. Los medios noticiosos principales nos presentan como opositores al matrimonio entre homosexuales. ¿Se dan cuenta de que también nos oponemos a la discriminación, el tráfico de seres humanos, la violencia de las pandillas, el racismo, el odio y los abusos? ¿Saben *a favor* de qué estamos, tan bien como saben *en contra* de qué estamos? ¿Saben que estamos a favor del amor, el perdón, la reconciliación, la justicia y la misericordia? En respuesta a sus críticas, muchos creyentes se han retraído, y se han convertido en la minoría silenciosa. Nos hemos convertido en ciudadanos marginados. A la gente le ha dejado de importar lo que nosotros pensemos o creamos.

Inevitablemente, aquellos que defienden la justicia y la verdad de Dios se convierten en blanco… de alguien, ya sea a la derecha o a la izquierda del espectro político, o del religioso. El hecho de quedarnos callados podrá limitar nuestra exposición a las críticas, pero puede ser la manera que tienen los cobardes de evadir el problema. Hay ocasiones en que no podemos permitir que las hostilidades nos detengan. Sencillamente, tenemos que levantarnos para representar a Dios en nuestra comunidad.

Tuve la oportunidad de ir al capitolio de nuestro estado para hablar en contra de una propuesta de ley que autorizaría el matrimonio entre personas del mismo sexo. Entre los legisladores hubo quienes me acusaron de odiar a los homosexuales. Eso no tiene nada de cierto. Yo amo a todos los seres humanos, cualquiera que sea el color de su piel, su origen étnico, su edad, su grupo socioeconómico, o su preferencia sexual. Amo a los negociantes acaudalados y a los presos condenados a morir; a las estrellas del cine y a los que viven en las calles; a los pastores más fieles a su conciencia y a los adictos y las prostitutas; a los policías y a los pandilleros. Todos los seres humanos son valiosos a los ojos de Dios, aunque eso no significa que el comportamiento de ellos sea bueno, recto, y provechoso para la comunidad.

Vivimos en una nación pluralista. Así lo entiendo. Pero tenemos que trazar una línea divisoria entre lo correcto y lo incorrecto. Sin esa línea, la cultura cae en el caos, y el matrimonio entre homosexuales cruza esa línea. La Biblia permite mucha amplitud en numerosos aspectos. Las personas pueden debatir sobre muchos asuntos, y encontrar diferentes puntos de vista legítimos en las Escrituras. Sin embargo, hay unos cuantos asuntos que están claramente expresados. Las tres religiones antiguas que encuentran su origen en el llamado de Abraham están de acuerdo en que Dios decretó que el matrimonio fuera entre un hombre y una mujer. Mi posición tiene su raíz en miles de años de fe y de historia.

Cuando los legisladores de Illinois supieron que yo estaría allí para hablar acerca de ese proyecto de ley, algunos trataron de impedir que hablara, y hubo otro que me ofreció un trato para que callara. Uno de los representantes que me conoce, se rió ante la oferta que se me había hecho, y le dijo a aquel hombre: "Usted no conoce a Choco. Es imposible comprarlo. ¡Prepárese, porque va a venir, y va a decir la verdad!"

Cuando hablo acerca del matrimonio entre homosexuales, o el aborto, o la inmigración, o las armas de fuego, o cualquier otro tema de nuestra sociedad, estoy muy consciente de que seré estigmatizado y caricaturizado por aquellos que se oponen a mis puntos de vista. Tratarán de describirme como un hombre intolerante, airado, e indolente. Por eso, una de mis metas es siempre comunicar la presencia de un corazón compasivo, sensato, y bondadoso, mientras presento las claras directrices que Dios nos da en la Biblia.

El activismo social no es un simple pasatiempo para los creyentes. Nos envolvemos en los grandes temas de nuestros tiempos, porque representamos al Rey, y a su propósito para la tierra. A causa de la representación tan negativa que se hace de nosotros en las películas y en los noticieros, muchos estadounidenses consideran que los cristianos somos personas amigas de criticar, hipócritas, y moralistas que tratamos de imponer nuestros valores, en vez de vivir como hermosas luces que resplandecen desde alguna colina. Necesitamos que quienes no creen en Cristo vean lo mucho que nos preocupamos por las almas perdidas, los indigentes, los afligidos, los enfermos, y los presos.

El notable erudito N. T. Wright ha dicho que si los cristianos dejáramos de atender a las personas que sufren, la sociedad se destruiría. El mensaje central de la fe cristiana, la muerte y resurrección de Cristo, nos da esperanza para el futuro y motivación para actuar hoy. En su libro Sorprendidos por la esperanza, Wright comenta:

> "Lo que nos enseña la resurrección… es que *la vida corporal presente no es de poco valor, simplemente porque un día morirá*… Lo que haga usted con su cuerpo en el presente importa, porque Dios le tiene reservado un gran futuro… Lo que usted *haga* en el presente: pintar, predicar, cantar, coser, orar, enseñar, construir hospitales, cavar pozos, hacer campaña a favor de la justicia, escribir poemas, cuidar de los necesitados, amar a su prójimo como a sí mismo, *perdurará hasta el futuro de Dios*. Estas actividades no son simples maneras de hacer que la vida presente sea un poco menos animal, un poco más soportable, hasta el día en que lo dejemos todo atrás… Son parte de lo que podríamos llamar *edificar para el reino de Dios*."[19]

Para los israelitas de hace tres mil años, las circunstancias eran sumamente diferentes a las actuales, pero sus consecuencias eran parecidas. Se pasaba por alto a demasiadas personas. Los líderes comenzaban de una manera muy prometedora, pero no cumplían sus elevadas metas. En los poblados y en las calles de la ciudad, la gente se sentía abandonado. Temía la injusticia, porque había visto demasiadas ocasiones en que cuales sus líderes no habían obedecido los valores señalados por Dios. El pueblo se sentía desanimado. Había muchos que ya se habían dado por vencidos. En medio de esta gran brecha, Dios le dijo al profeta Samuel que fuera a la casa de Isaí. Allí ungiría a un nuevo rey para Israel.

UN CANDIDATO MUY POCO PROBABLE

La tarea de Samuel no era tan sencilla como parecía. El profeta temía por su vida (1 Samuel 16:1,2). ¿Qué pasaría si el rey Saúl descubría que él ungiría a un nuevo rey? Y además, Samuel ni siquiera sabía cuál de los hijos de Isaí había escogido Dios. ¡El fiel profeta no había contado el temor y la confusión como parte de la descripción de sus deberes! Cuando llegó a aquella casa, le pidió a Isaí que llamara a sus hijos, porque quería verlos. Uno a uno, desde el mayor hasta el más joven, Samuel los examinó. Cada vez, Dios dijo lo mismo: "No; este no". Llegaron siete hijos, él los inspeccionó, y los rechazó a todos. Entonces le preguntó a Isaí: "¿Son estos todos tus hijos?" (1 Samuel 16:11)

Isaí le explicó que había uno más, el más joven de todos, que estaba en el campo, cuidando de sus ovejas. Es probable que le dijera con la mirada: "¡Estoy seguro que no te interesa verlo! Huele a oveja y además, no es tan talentoso como mis otros hijos".

Piense en lo que dijo Isaí. El líder espiritual más respetado y poderoso de la nación había venido a su casa y le pidió que le presentara a sus hijos. Al parecer, Isaí tenía un concepto muy pobre de David, ¡ ni siquiera lo invitó a la reunión! David no solo era un personaje de poca importancia en la nación, ¡también lo era en su propia familia.

Muchas veces, cuando vemos jóvenes talentosos, decimos: "¡Tiene un gran futuro!", o, "¡Llegará muy lejos en la vida!" El padre de David no tenía esa clase de visión para su hijo más joven. Aparentemente consideraba a David como un estorbo, una carga. Se avergonzaba tanto de él, que ni siquiera lo contaba entre sus hijos.

Los padres de David no veían grandeza alguna en él, y sus hermanos tampoco veían ninguna chispa de gloria en ese hermano. Tal vez David no la viera en sí mismo tampoco. Pero Dios sí. Esto es lo que le dijo a Samuel: "Jehová no mira lo que mira el hombre; pues el hombre mira lo que está delante de sus ojos, pero Jehová mira el corazón" (1 Samuel 16:7). El profeta ungió al jovencito como nuevo rey de Israel, pero no ascendería aquel día al trono (sino mucho después). La unción lo preparaba para el papel de suma importancia que desempeñaría, pero todavía no era la hora...

Vemos a lo largo de toda la Biblia que Dios escoge a los débiles, los parias, y los indefensos para cumplir su propósito. Abraham era un miedoso, y mintió para salvar su propio pellejo; Gedeón era un cobarde; María era una pobre campesina, y los discípulos de Jesús no tenían preparación formal. A veces, Dios usa gente fuerte, pero la humilla primero. Moisés creía que era defensor del pueblo hebreo, y por eso asesinó a un capataz egipcio. Durante los cuarenta años siguientes, vivió como humilde pastor en un lugar escondido del desierto, hasta que Dios lo llamó para que liberara a su pueblo de la esclavitud. Jacob era un hombre hábil en sus tratos de negocios, pero Dios lo llevó hasta lo último de sus fuerzas para enseñarle lo que son la fe y la confianza auténticas. Pablo era una estrella cada

Vemos a lo largo de toda la Biblia que Dios escoge a los débiles, los parias, y los indefensos para cumplir su propósito.

vez más resplandeciente en el movimiento anticristiano cuando Jesús se le apareció en el camino a Damasco. Aquel encuentro hizo añicos al hombre orgulloso e irascible, y lo humilló de manera que Dios lo moldeó y lo convirtió en un seguidor humilde y dependiente de Él.

Sea el comienzo de humildad o arrogancia, Dios usa gente manejable para cumplir sus propósitos. Llama a aquellos hombres y mujeres que están dispuestos a decir: "No se haga mi voluntad, sino la tuya. No me interesa la comodidad; acepto el sacrificio. No quiero gloria para mí, sino honra para ti".

A lo largo de toda la historia, los creyentes han tenido que afrontar esas difíciles decisiones. Uno de los más notables fue un líder del siglo segundo llamado Policarpo. Este hombre creció como David: era un don nadie pasado por alto, que no se encontraba en ninguna lista de "los que tienen más posibilidad de triunfar". Tenía pocos estudios formales, si es que los tenía. Su niñez no fue muy prometedora. Sin embargo, Policarpo se caracterizó por la humildad, la fortaleza espiritual, y la valentía.

Durante su vida, la fe cristiana se vio asaltada por las doctrinas del gnosticismo, la creencia errónea de que solo un grupo selecto de personas superespirituales podían tener comunión con Dios. Nadie que estuviera fuera de ese limitado círculo tenía oportunidad alguna de salvación. Policarpo defendió exitosamente la divinidad de Cristo y la gloria del Evangelio. Muchos antiguos gnósticos aceptaron la fe en Jesús gracias a él. Pero, además de las herejías, los creyentes afrontaron otro problema: la ira del imperio romano. A los cristianos que vivían dentro del imperio se les había dado a escoger: o proclamaban al César como señor y preservaban su vida, o proclamaban a Jesús como Señor, y morían. El César crucificó a millares, dejó que animales salvajes destrozaran a muchos para divertir a la multitud, e hizo cubrir a otros de brea y les prendió fuego para iluminar sus festines. Cuando Policarpo tenía ochenta y seis años de edad, unos guardias romanos lo escoltaron hasta la arena del Coliseo. Allí se le ordenó que negara a Cristo, si no lo hacía perdería la vida. Él oyó una voz desde el cielo que le decía: "Policarpo, sé fuerte y responde como todo un hombre".

El procónsul romano, Estacio Quadrato, insistió: "Haz el juramento al César, y te dejaré en libertad. Maldice a Cristo".

El anciano le contestó: "Durante ochenta y seis años lo he servido, y Él nunca me ha hecho daño. ¿Cómo puedo ahora blasfemar de mi Rey que me salvó?"

El procónsul se enfureció. Amenazó al anciano con echarlo a los animales salvajes, o quemarlo en la hoguera. Aun siendo inminente su violenta muerte, Policarpo se negó a dar la espalda a Jesús. Le respondió con toda calma: "¿Pero por qué te demoras? Ven y haz lo que quieras".

El procónsul le ordenó a los soldados que clavaran al anciano a un poste y encendieran la fogata. Policarpo subió hasta el poste, pero despidió a los guardias. Para asombro de todos, les dio estas instrucciones: "Déjenme tal como estoy. Porque Aquel que me concede soportar el fuego, también me dará fuerzas para mantenerme en medio de él sin moverme, sin necesidad de esa seguridad que ustedes quieren lograr a base de clavos".

David se encuentra en medio de una larga fila de personas que en algún momento de su vida fueron desconocidas para los hombres, pero muy bien conocidas para Dios.

Muy pronto, el fuego lo había consumido.

La asombrosa valentía de Policarpo ante la tortura y la muerte inspiró a los cristianos y maravilló a los paganos. Un relato de su muerte informaba: "Hasta los paganos hablan de él por todas partes."[20]

David se encuentra en medio de una larga fila de personas que en algún momento de su vida fueron desconocidas para los hombres, pero muy bien conocidas para Dios. Más tarde se convirtió en el rey más amado que tuvo Israel, pero comenzó como un paria, pasado por alto y despreciado por su padre y sus hermanos.

DETRÁS DEL ESCENARIO

A juzgar por la actitud de Isaí cuando Samuel visitó su hogar, podemos deducir de que no había dedicado mucho tiempo a la preparación de David para una vida satisfactoria. Los otros hijos recibieron un trato preferencial de su padre, pero Dios tenía un plan especial para David. El pastoreo de ovejas le proporcionó una educación que no se recibía en otros trabajos. En Palestina, en tiempos de David, los leones y los osos deambulaban en los campos. Cuando atacaban a un rebaño, y uno de esos animales salvajes se llevaba a una oveja, un buen pastor no se encogía de hombros ni se escondía entre los arbustos. David enfrentó esos retos: "Salía yo tras él [el león o el oso], y lo hería, y lo libraba de su boca; y si se levantaba contra mí, yo le echaba mano de la quijada, y lo hería y lo mataba" (1 Samuel 17:35).

¡David había matado por lo menos un león y un oso a mano limpia! Después de un par de encuentros como estos, es posible que se preguntara: *¿Qué está pasando? ¡No hay nadie en Israel que haya sido atacado con tanta frecuencia por animales salvajes!* Pero las lecciones que aprendió como pastor eran parte del plan de Dios que lo estaba preparando para ponerse en la brecha en uno de los encuentros entre el bien y el mal más celebrado de todos los tiempos. Dios lo estaba preparando en privado. Más adelante lo usaría ante una gran multitud.

NO ERA UN DÍA COMÚN Y CORRIENTE

Israel era asediado por diversos enemigos en aquel tiempo. Un grupo, el de los amalecitas, había atormentado al pueblo de Dios durante siglos. Dios le dio a Saúl la clara orden de que aniquilara a los amalecitas sin perdonar a uno solo; ni siquiera a sus animales (1 Samuel 15:1–3). Saúl los atacó y los derrotó, pero en un desafío abierto a Dios, le perdonó la vida a su rey y a lo mejor de sus rebaños. Aquel fue el momento decisivo cuando Dios rechazó a Saúl como rey, Samuel ungió a David y el ejército de Saúl comenzó a perder la confianza en él.

Tan pronto pasó la amenaza de los amalecitas, se presentó un ejército más feroz aún para pelear contra Israel: los filisteos. La reputación de Saúl había recibido una sacudida, y su ejército se había debilitado; el momento no pudo ser peor.

Para evitar una guerra a gran escala, los reyes rivales de la antigüedad a veces enviaban al campeón entre sus soldados a un combate de hombre a hombre, en el cual el ganador se lo llevaba todo. Era una "ordalía, o prueba mediante un combate". Era lo que pensaban los filisteos cuando enviaron a su campeón, un gigante llamado Goliat.

La sola vista del gigante hizo que se les helara la sangre en las venas a los soldados de Israel. La Biblia lo describe de esta manera:

> "Salió entonces del campamento de los filisteos un paladín, el cual se llamaba Goliat, de Gat, y tenía de altura seis codos y un palmo. Y traía un casco de bronce en su cabeza, y llevaba una cota de malla; y era el peso de la cota cinco mil siclos de bronce. Sobre sus piernas traía grebas de bronce, y jabalina de bronce entre sus hombros. El asta de su lanza era como un rodillo de telar, y tenía el hierro de su lanza seiscientos siclos de hierro; e iba su escudero delante de él" (1 Samuel 17:4–7).

Un día tras otro, Goliat salió a la llanura que separaba a los dos ejércitos y se burlaba de Saúl y de sus soldados, repitiendo el mismo reto: debían escoger a uno solo para que peleara con él. Si ganaba el soldado israelita, los filisteos se convertirían en esclavos de Israel. Pero si ganaba Goliat, los israelitas quedarían sometidos a los filisteos. Me puedo imaginar a los soldados de Saúl mirándose unos a otros mientras Goliat resopla, diciendo: "Hoy yo he desafiado al campamento de Israel; dadme un hombre que pelee conmigo" (1 Samuel 17:10). En la expresión de sus rostros habríamos podido leer: "¡Oye, si quieres puedes salir tú a pelear con él, que yo no pienso ir!"

Durante cuarenta días, mañana y tarde, el gigante se burló del ejército de Dios. Nadie se ofrecía para pelear con él. Es posible que Saúl tratara de conseguir a un valiente que lo representara a él y a su pueblo, pero no encontró voluntarios. Entre los temblorosos soldados de Israel estaban los tres hijos mayores de Isaí—Eliab, Abinadab y Sama—, que se habían unido al ejército para pelear a las órdenes del rey Saúl.

David tenía ahora dos trabajos que nadie le agradecía. Todavía tenía la responsabilidad de pastorear las ovejas, pero también se convirtió en mensajero, dedicado a llevarles víveres a sus hermanos. Sucedió un día que Isaí le dio pan y queso (básicamente, los ingredientes del emparedado de queso), para que los llevara hasta el frente de batalla, y Samuel llegó precisamente cuando los ejércitos se estaban formando para la batalla, tal como lo hacían cada vez que Goliat les lanzaba su reto.

Aquella fue la primera vez que David vio y escuchó al gigante filisteo, con su desafío y sus burlas. Pero vio más que eso. También notó que los soldados de Israel no solo se retiraban, sino que corrían para salvar la vida. No querían estar cerca de aquel monstruo.

Cuando David escuchó las amenazas de Goliat, las palabras de aquel gigante le deben haber parecido muy familiares. Ya había escuchado burlas parecidas de labios de sus propios hermanos. Oír los menosprecios de Goliat era como estar en casa. Durante años, David había soportado el escarnio de parte de sus hermanos un día tras otro. Como respuesta, no se había echado atrás asustado, ni se había desplomado en medio de la autocompasión. Se había fortalecido. Dios había usado esa historia personal de disfuncionalidad con el fin de preparar a David para la vida. Sus hermanos decían aquellas crueles palabras por maldad, pero Dios las usaría para el bien.

David estudió la situación ante aquel enemigo, tal como había hecho antes con las amenazas del oso y del león. Entonces quiso saber una cosa: "¿Quién es este filisteo incircunciso, para que provoque a los escuadrones del Dios viviente?" (1 Samuel 17:26) Si David hubiera sido de mi vecindario, habría preguntado: "¿Quién se cree este tipo que es?"

Saúl y todo su ejército estaban aterrados; en cambio, David era valiente. Cuando Saúl vio a un enemigo formidable; David vio una oportunidad. Saúl necesitaba un *ish* (hombre) que se parara en el *habinayim* (entre los dos campamentos para entrar en combate). ¡David estaba decidido a ser ese *ish*!

David hizo un par de preguntas para aclarar la situación y la recompensa prometida. En aquel momento, su hermano Eliab se acercó y lo oyó. Podemos imaginar las conversaciones que por años habían tenido durante la cena, cuando observamos la reacción de Eliab ante las sinceras preguntas de David. ¡Se enfureció!

Entonces gruñó: "¿Para qué has descendido acá? ¿Y a quién has dejado aquellas pocas ovejas en el desierto? Yo conozco tu soberbia y la malicia de tu corazón, que para ver la batalla has venido" (1 Samuel 17:28).

Sin duda alguna, David se sintió herido por el ataque verbal de su hermano, pero no se echó atrás. Se volvió a otros en busca de respuestas. Los hombres que estaban cerca se sorprendieron de que alguien pensara en la posibilidad de pelear con el gigante, y matarlo. De inmediato fueron donde Saúl para hablarle del muchacho que había en el campamento.

Saúl mandó buscar a David. Cuando este llegó a la tienda de Saúl, no oímos que fuera el rey quien comenzó la conversación. Fue David, quien enseguida le aseguró a Saúl: "No desmaye el corazón de ninguno a causa de él; tu siervo irá y peleará contra este filisteo" (1 Samuel 17:32).

Saúl se burló de él (aquí estoy parafraseando): "Hum, ¿te has visto en un espejo? Eres solamente un muchacho. ¡Tú no puedes vencer a ese gigante!"

David comprendió que aquella lucha no era solo contra carne y sangre. Había algo mucho mayor en juego: el buen nombre de Dios. El gigante no se había limitado a amenazar a unos cuantos soldados; su desafío iba dirigido al Dios de Israel. Entonces le explicó a Saúl:

> "Fuese león, fuese oso, tu siervo lo mataba; y este filisteo incircunciso será como uno de ellos, porque ha provocado al ejército del Dios viviente. Añadió David: Jehová,

> que me ha librado de las garras del león y de las garras del oso, él también me librará de la mano de este filisteo" (1 Samuel 17:36,37).

Después de cuarenta días de las burlas de Goliat, Saúl posiblemente estaba desesperado, porque aceptó que aquel muchacho los representara en combate mortal a él y a su ejército. Le dio luz verde a David para que saliera a pelear contra el gigante filisteo, pero primero le ofreció su túnica y su armadura. David se los probó, y se debe haber visto cómico. Saúl era muy alto; David no tanto. Saúl era un soldado entrenado, con una armadura hecha a su medida; David nunca había usado una armadura en toda su vida.

David rechazó cortésmente el ofrecimiento de Saúl, recogió su cayado de pastor y se dirigió al campo de batalla. Por el camino, escogió cinco piedras pulidas en un arroyo y las metió en su bolsa. Con el cayado en una mano y la honda en la otra, salió a la llanura que separaba a los dos ejércitos. Imagine la escena: David había salido de su casa aquella mañana, preparado ya para la gran pelea de su vida, sin saberlo siquiera. Llevaba su cayado y su honda, porque entendía que en cualquier momento podría encontrar alguna amenaza. Estaba preparado para dirigir y para pelear.

En aquel momento, ¿de qué lado habría querido estar? ¿Habría apostado su vida al muchacho con la honda y el cayado, o habría preferido estar parado detrás del gigante que tenía aquellas poderosas armas, unos músculos inmensos y una pesada armadura? Yo no tengo la costumbre de apostar, ¡pero me imagino que en Las Vegas, la fila de apostadores habría sido inmensa!

Piense en el ejército de los filisteos mientras el gigante y el muchacho se acercan el uno al otro. Tal vez ya estaban saboreando el triunfo, seguros de la matanza y el saqueo del que disfrutarían en unos pocos minutos. Y piense ahora en el ejército de Saúl. En cuarenta días no habían podido encontrar un guerrero entrenado y habilidoso que peleara con Goliat, así que ahora le estaban enviando a un muchacho con un cayado, una honda y unas cuantas piedritas. ¡O estaban escribiendo su testamento, o andaban buscando la manera de salir huyendo!

En aquellos momentos, la brecha de debilidad, vulnerabilidad y peligro parecía muy, pero muy grande.

David no sentía esa misma ansiedad. Sabía con exactitud lo que haría. Goliat miró al muchacho y se burló de él: "¿Soy yo perro, para que vengas a mí con palos? [...] Ven a mí, y daré tu carne a las aves del cielo y a las bestias del campo" (1 Samuel 17:43,44).

El muchacho no se sintió aterrado, ni se quedo mudo de espanto. Mientras avanzaba, le dijo al gigante, para que lo oyeran también todos los que le estaban escuchando:

> "Tú vienes a mí con espada y lanza y jabalina; mas yo vengo a ti en el nombre de Jehová de los ejércitos, el Dios de los escuadrones de Israel, a quien tú has provocado. Jehová te entregará hoy en mi mano, y yo te venceré, y te cortaré la cabeza, y daré hoy los cuerpos de los filisteos a las aves del cielo y a las bestias de la tierra; y toda la tierra sabrá que hay Dios en Israel. Y sabrá toda esta congregación que Jehová no salva con espada y con lanza; porque de Jehová es la batalla, y él os entregará en nuestras manos" (1 Samuel 17:45–47).

Todos los niños de la escuela dominical saben lo que sucedió después. David sacó de su bolsa una de las piedritas, la puso en la honra, y la lanzó con toda su habilidad y su fuerza. La piedra golpeó a Goliat en el mismo centro de la frente. Cayó al suelo con la fuerza de un terremoto. David tomó la espada del gigante y le cortó la cabeza. Pero la mayoría de la gente se pierde el resto de la historia. La Biblia dice que después que David le cortó la cabeza al gigante, el ejército de Israel se lanzó hacia el enemigo.

Yo he visto finales dramáticos e inesperados en juegos de fútbol y de baloncesto, y he visto jonrones que han ganado un juego en la novena entrada. Pero en los anales de los deportes o de la guerra, no había nada tan inesperado como el que aquel muchacho entrara al campo de batalla y matara al gigante que los desafiaba.

El ejército de Saúl persiguió a los filisteos, y después regresó para saquear su campamento. ¿Hasta qué punto resultó asombroso esto para todos? Cuando todo terminó, Saúl le dijo al general de su ejército: "Pregunta de quién es hijo ese joven".

El general le contestó: "No lo sé".

TAL VEZ USTED . . . TAL VEZ YO

Al comenzar aquella mañana, David había sido un don nadie. Su padre ni siquiera lo había considerado como uno de sus hijos cuando el profeta Samuel los visitó. David solo era un lacayo de su padre, y sus hermanos lo despreciaban. ¡Los únicos que lo respetaban eran las ovejas que él protegía y los animales salvajes que sabían que era mejor no meterse con él! Pero Dios había visto algo en su corazón. Había visto grandeza donde los demás no habían visto nada.

> Dios había visto algo en su corazón. Había visto grandeza donde los demás no habían visto nada.

La unción de David sucedió antes de aquel suceso; no después. La unción de Dios no espera hasta que nosotros *mostremos* lo que somos por hacer algo drástico para Él. Dios ve nuestro corazón, y su unción nos *prepara* para hacer grandes cosas por Él.

Después de su unción, David no exigió que se le prestara atención, ni entró a la sala del trono de Saúl para decirle: "¡Quítate, que ahora me toca a mí!" Él siguió cuidando las ovejas, sirviendo a su padre y de recadero para ayudar a sus hermanos. Por un tiempo, no pareció que la unción de Dios hubiera marcado ninguna diferencia en absoluto. Sin embargo, ¡marcó toda la diferencia del mundo! David estaba listo para una de las mayores pruebas a las que alguien se haya enfrentado jamás.

Aquel día, en la brecha entre los dos ejércitos, David respondió con fe y con fortaleza a una situación desesperada. Cuando oyó las burlas del gigante, y descubrió que nadie se le había enfrentado durante cuarenta largos días, pudo haber dicho: "Miren, aquí les traje unos emparedados. ¡Esta pelea no es mía!" En cambio, sintió que aquellas amenazas movían su corazón a la acción. Corrió hacia el peligro, en lugar de huir de él. Tomó la situación por las astas, en vez de esconderse presa del pánico.

David se daba cuenta de que las amenazas que se presentan en nuestra sociedad no son solo burlas procedentes de carne y de sangre. Forman parte de una batalla espiritual por las almas de los hombres y de las mujeres… y por el corazón de nuestra cultura. Los gigantes de nuestra familia y de nuestra comunidad se burlan de Dios. Proclaman: "A Dios no le importamos. Sus normas no nos importan a nosotros. Al fin y al cabo, ¿para qué sirve Dios?"

David podía ver más allá de la amenaza existencial de un feo y colosal soldado, y discernir que era el buen nombre de Dios lo que estaba en juego. Durante cuarenta días, Saúl y su ejército habían dejado que los incrédulos se burlaran del amor, el poder y los propósitos de Dios. El corazón y las acciones de David gritaban: "¡Se acabó! Dios sí puede. ¡Solo observen y lo verán obrar!"

Goliat no era enorme cuando nació. Así también, muchos de los problemas que hay en nuestra familia, nuestra comunidad, y nuestra cultura comienzan pequeños y van creciendo con el tiempo. Se agrandan y amenazan con atropellarnos, porque nadie hizo nada respecto a ellos cuando tuvo la oportunidad. Varias generaciones antes, cuando entraron a la Tierra Prometida, Dios le ordenó a su pueblo que barriera con los amalecitas, pero ellos no terminaron el trabajo. Las batallas de Saúl contra aquellos enemigos acabaron con las limitadas fuerzas de Israel. Y Saúl no obedeció a Dios, y dejó la obra inconclusa cuando *a él* se le presentó la oportunidad. Su error fue sumamente costoso para la moral de su ejército y la confianza de ellos en su rey.

Con todos esos fracasos en su historial, Saúl y su ejército se sentían débiles, atemorizados y desmoralizados. Nadie tenía la valentía suficiente para enfrentar al gigante que se burlaba de ellos dos veces al día; nadie, con excepción de David, el pastor paria y despreciado.

Sarah es una señora de nuestra comunidad que sabe bastante acerca de situaciones desesperadas. Su esposo fue arrestado por vender drogas y agredir a un funcionario de la policía. Ella tuvo que enfrentar el reto de criar sola a sus tres hijos, con el estigma de tener a su esposo en la prisión. Durante varios años, ella y sus hijos vivieron con lo justo para poder comer... y después empeoró su situación. Ella se mezcló con una pandilla, y descuidó a sus hijos. La mayor parte del tiempo, Sarah y sus hijos andaban por las calles, desamparados y llenos de ira.

Algunas personas de nuestra iglesia invitaron a Sarah a venir a nuestros cultos y sentir el amor que le teníamos. Allí conoció a Cristo, y fue transformada desde dentro hacia fuera. En vez de darse por vencida en medio de la autocompasión y la desesperanza, comenzó a ver su situación como una oportunidad para acercarse a otras mujeres cuyo esposo estaba encarcelado. Cuando se enteraba de que el esposo de una mujer estaba en prisión, se comunicaba con ella y se ofrecía a llevarla para que lo visitara. A lo largo de los años, la bondad y la constancia de Sarah le han dado una nueva esperanza a mujeres que pensaban que su vida se había acabado. Por su esfuerzo, docenas de familias se han mantenido intactas durante las temporadas más difíciles de su vida. La prisión, junto con la soledad, la pobreza y la desesperanza, eran los gigantes de aquellas familias, pero Sarah llegó con la honda y la piedra del tierno amor de Dios.

Cuando oímos el relato sobre David y Goliat, con frecuencia nuestro pensamiento se centra en la valentía del joven. Necesitamos cavar un poco más profundo. El *valor* de David fue producto de su

El *valor* de David fue producto de su *seguridad* en un Dios amoroso, sabio, y poderoso.

seguridad en un Dios amoroso, sabio, y poderoso. Si nosotros tratamos de imitar su valor, sin sumergirnos profundamente en la maravilla del poder y la gracia de Dios, terminaremos aplastados, porque no podremos fabricar continuamente esa clase de valor por nuestra propia cuenta. En cambio, si centramos nuestra atención en el mismo lugar donde la centró David, nuestra confianza en Dios nos dará un valor genuino con el cual podremos enfrentar a cuanto gigante aparezca en nuestra vida.

Lo irónico, y lo hermoso, es que el círculo de la fe quedó cerrado mil años más tarde, cuando el Dios de David, el Mesías prometido, el Hijo de David, apareció como Rey y como Salvador. David confiaba en el Dios de la promesa; nosotros confiamos en el Dios revelado en Jesús, el Mesías, el gran Rey davídico.

¿Cuáles son los gigantes de nuestro mundo? Piénselo detenidamente. No haga muchas suposiciones. David vio y escuchó lo mismo que vieron y escucharon todos los demás, pero tuvo fe para creer que *ese* gigante era el que *él* tenía que matar.

La gente lo está observando, a ver si tira las piedras y le corta la cabeza al gigante de su mundo. Al igual que el ejército de Saúl, aparecerán corriendo cuando sepan que tienen un campeón para su causa. En nuestra nación, las batallas se están luchando en los tribunales, en el congreso, en las legislaturas estatales y en las urnas. En los últimos años se han aprobado numerosas leyes que están en contra de los mandamientos y los valores de Dios. Pero el simple hecho de que se declare algo como "legal" no significa que sea ético.

Cuando escuchemos las burlas de algún gigante, necesitaremos reunir información y después tomar acción. Es muy raro que podamos matar a un gigante en un solo día. Con mucha mayor frecuencia necesitamos tanta tenacidad y sabiduría como valor. Necesitamos fe en Dios, cualesquiera que puedan ser los resultados.

Una brecha es un lugar de debilidad. Yo nunca me sentí más débil que cuando nuestra iglesia se encontró con que no tenía dónde ir; no tenía ningún lugar que pudiera llamar suyo. Habíamos alquilado el auditorio de una escuela durante más de ocho años, cuando los administradores nos dijeron que debíamos dejar el lugar durante el verano, porque tenían planeado remodelarlo. Nos ofrecieron el auditorio de otra escuela, pero estaba fuera de nuestra comunidad. Yo me sentí frustrado y derrotado. Ya podía oír las burlas y las opiniones: "Ustedes debieron sacar la iglesia de la ciudad. En la ciudad no hay terrenos, y si encuentran uno, ¡será demasiado caro!"

Le supliqué a Dios: "¡Necesito que me hables pronto!" Me sentía como si estuviera guiando al pueblo hacia el desierto. Cuando hice esa conexión entre nuestra situación y los hijos de Israel en el desierto, sugerí: "Muy bien, si vamos a estar en el desierto, construyamos una tienda de campaña". Y eso fue exactamente lo que hicimos. Levantamos una tienda y tuvimos allí nuestros servicios durante tres meses. Fue algo maravilloso y desafiante al mismo tiempo. Experimentamos la poderosa presencia de Dios, mientras yo daba una serie de clases sobre el tabernáculo, tal como se lo describe en el Éxodo.

Durante aquellos meses, nos humillamos, nos agotamos, y nos sometimos a Dios por completo. Aquel verano tuvimos que soportar una tormenta eléctrica, muchísima lluvia y lodo, una ola de calor, e incluso una violenta granizada. Hubo gente a la que no le agradó el reto de usar una tienda de campaña como lugar para la adoración. Con el corazón roto, vi que algunas de nuestras familias se marcharon y se trasladaron a otras iglesias. Pero fue precisamente en ese tiempo cuando Dios respondió a nuestras oraciones en las que le pedíamos que nos proveyera de un lugar. Pocos días después que dirigí a Dios aquella desesperada oración, uno de nuestros miembros me llamó para decirme: "Hay un viejo almacén de la Calle Division que acaba de salir al mercado".

Yo le respondí: "¡Vamos a verlo!"

Un mes más tarde, compramos el terreno. Al año siguiente, echamos abajo el almacén y comenzamos a construir. Hoy, en el momento de escribir estas líneas, ya ha pasado un mes de nuestra gran celebración inaugural. Fue difícil enfrentar la negatividad, la frustración, y las dudas, pero nada de eso se compara con la maravillosa sensación de saber que le podemos confiar a Dios los mayores desafíos que afrontamos en nuestra vida.

Si exigimos la respuesta que esperamos, y la necesitamos ahora mismo, nos lamentaremos y nos quejaremos cuando nuestros problemas no se resuelvan con rapidez y por completo. Los asuntos importantes casi siempre requieren de un proceso largo y complicado, y es de esperar que haya quienes expresan una mezcla de oposición y de ignorancia mientras nosotros afrontemos los problemas.

Piense en los relatos de los evangelios acerca de la vida de Jesús. Él era el David definitivo, el Rey escogido, el Mesías prometido del linaje de David. Pero a lo largo de su ministerio, la élite religiosa se le opuso y sus discípulos constantemente lo malentendían. Cuando por fin lo arrestaron, sus seguidores más cercanos huyeron para salvar la vida. Solo después de su resurrección y de la venida del Espíritu en Pentecostés, vemos en ellos la clase de valor y de sabiduría que se necesita para cambiar la cultura. Por medio de la justicia, la misericordia, el amor y el sacrificio, el número de cristianos aumentó de seis por ciento a cincuenta por ciento al llegar el cuarto siglo.[21]

Hoy, nuestra familia y nuestra cultura están en busca de alguien ungido por el Espíritu, que entre a las inmensas brechas que encontramos. Están buscando alguien como David, capaz de derrotar para siempre a los Goliats que nos rodean. Nos están buscando a usted y a mí.

Martin Luther King Jr. es uno de mis héroes. Hay pocas personas en la historia que han manifestado tanta fe, tanto valor, sabiduría y tenacidad. Él fue quien hizo esta observación:

> "El valor es una resolución interna que nos lleva a seguir adelante a pesar de los obstáculos; la cobardía es una sumisa rendición ante las circunstancias. El valor engendra

> la creatividad; la cobardía representa el temor, y es dominada por él. La cobardía pregunta: ¿hay seguridad en esto? El interés pregunta: ¿es político? La vanidad pregunta: ¿es popular? Pero la conciencia pregunta: ¿es lo recto? Y se avecinan tiempos en que tendremos que adoptar una posición que no va a ser segura, ni política, ni popular, pero que la debemos adoptar porque es lo recto..."[22]

Hoy mismo hay gigantes en nuestra vida, en nuestra familia y en nuestras comunidades. Al igual que los soldados del ejército de Saúl, hemos oído las burlas durante tanto tiempo, que nos hemos acostumbrado a ellas. Y nos hemos acostumbrado a escondernos por temor. Pero ya es hora de que hagamos algo respecto a ellos. Si no los matamos, ellos serán los que nos maten a nosotros. Ha llegado la hora de ser el *ish* o la *ishá* de Dios.

Cuando afrontemos a nuestros gigantes, arriesgaremos todo. Lo que hacemos no es seguro, y con frecuencia, tampoco es políticamente correcto. Muchas personas se nos opondrán, porque estamos "haciendo olas". Si *nosotros* no defendemos la justicia y la equidad en nuestra generación, alguna otra persona tendrá que aparecer y hallar la valentía necesaria, pero ya para entonces, la situación será más caótica. No dejemos que sea la próxima generación la que tenga que manifestar esa valentía. Pongámonos nosotros en la brecha ahora, hoy, en este momento en que los gigantes están rugiendo. Parecen amenazadores, pero solo son unos infelices inútiles. Dios es muchísimo más sabio, más fuerte y más justo que cualquier enemigo. Confiemos en Él, y ataquemos las puertas del infierno hasta que se abran, para la gloria de Dios, y por su pueblo.

PIÉNSALO . . .

1. ¿Cuáles son los Goliats de su familia?... ¿Y de su comunidad?... ¿O de nuestro país?

2. ¿Por qué es importante que veamos a David como un paria, antes de verlo en la escena en que mata a Goliat y después, cuando se convierte en rey?

3. ¿Cómo usó Dios las experiencias que tuvo David con leones y osos antes de pelear con Goliat? ¿Qué paralelo encuentra usted entre esos animales salvajes y el gigante? ¿Cuáles son las diferencias entre ellos?

4. ¿Cuáles son los desafíos que usted se ha tenido que afrontar, que lo han preparado (o lo están preparando) para pelear con los gigantes que lo rodean?

5. David veía al gigante como algo más que una simple amenaza física. ¿Cómo cambian las cosas cuando nos damos cuenta de que los gigantes que están presentes en nuestra familia y en nuestra nación son parte de una batalla espiritual contra las fuerzas de las tinieblas?

6. ¿Cuáles son las razones de que es tan fácil eludir un enfrentamiento con los gigantes y dar por sentado que otra persona peleará con ellos (si acaso)?

7. Explique la importancia de la unción de Dios como preparación para nuestra acción futura.

8. ¿Qué le ha hablado Dios por medio de la historia de David?

5 BERNABÉ

. . . supo ver el potencial oculto en otros

"Después fue Bernabé a Tarso para buscar a Saulo; y hallándole, le trajo a Antioquía. Y se congregaron allí todo un año con la iglesia, y enseñaron a mucha gente; y a los discípulos se les llamó cristianos por primera vez en Antioquía" (Hechos 11:25–26).

Hay muchas personas que creen que la Ley de Murphy es el principio central que mueve el universo. Esta ley dice: "Si algo puede salir mal, saldrá mal". Por supuesto, los que consideran que Murphy es la fuente de sabiduría acerca de la vida, nos pueden señalar un millón de ejemplos para probar su teoría:

- En el supermercado, siempre la otra fila avanza más rápido.
- En su despensa siempre faltará uno de los ingredientes de la receta.
- Toda herramienta que se le caiga mientras está trabajando en su auto, rodará donde no la pueda alcanzar.
- Los uniformes de la compañía vienen en dos tamaños: demasiado pequeño y demasiado grande.
- Si usted pierde una aguja, alguien la encontrará con el pie.

- Para conseguir un préstamo en el banco, usted tiene que comprobar que no lo necesita.
- En la escuela es inevitable el desastre cuando hay visitantes en el aula.
- Todas las comidas que le gustan, le hacen daño.
- ¡Usted se da cuenta de que es el tercer jueves del mes después de haber subido tres tramos de escaleras! (Esto exige una explicación. El personal de nuestra iglesia tiene que subir tres largos tramos de escaleras hasta las oficinas. Cuando se olvidan de que es el día del mes asignado a la limpieza de nuestra calle, tienen que bajar a mover sus vehículos y después volver a subir, porque Chicago tiene el récord mundial de multas por mal estacionamiento.)

¿Conoce usted alguien que viva de acuerdo a la Ley de Murphy? Estas personas le pueden hallarle algo malo a un tazón de helado, o a un cachorrito, y arrastran a los demás junto con ellas. ¿Acaso no estará viendo a una persona así cuando se mira al espejo?

Los cristianos tenemos el honor de ponernos en la brecha para convertirnos en fuente de luz, vida y esperanza para los que nos rodean. Por difícil que sea la calamidad a la que nos enfrentemos, los que hemos experimentado la transformadora gracia de Jesucristo debemos desbordar de gozo, amor y optimismo. No aceptamos ese optimismo ciego que niega la realidad del sufrimiento y de los reveses, pero sí nos mantenemos firmes, con una fuerte esperanza en un Dios grande y amoroso que hará que todas las cosas; *sí*, todas las cosas, obren juntas para bien de aquellos que le aman.

Algunos de nosotros somos por naturaleza gente de "vaso medio lleno". Buscamos lo bueno en la gente y en las situaciones. Pero muchos son gente de "vaso medio vacío" que solo ven lo negativo y pasan por alto las posibilidades. Dios sabe que necesitamos que se nos recuerde que busquemos lo bueno. Necesitamos que se nos dé aliento.

Dar *aliento* significa poner valor en alguien que es débil y vulnerable. En griego, la palabra correspondiente es *paráklesis*, "acudir al lado de alguien". Esta es la palabra que usó Jesús cuando nos prometió "otro Consolador". El Espíritu Santo acude a nuestro lado para aconsejarnos, consolarnos, inspirarnos, y guiarnos. Cuando recibimos aliento, lo podemos derramar en la vida de aquellos que están luchando.

La Biblia está llena de indicaciones para que le demos un enfoque nuevo a nuestro corazón, de manera que causemos un impacto positivo en aquellos que nos rodean. Por ejemplo, Pablo escribe: "Por lo cual, animaos unos a otros, y edificaos unos a otros, así como lo hacéis" (1 Tesalonicenses 5:11). Cuando las personas están aisladas, pueden ir cayendo en la depresión. El autor de Hebreos nos recuerda: "Y considerémonos unos a otros para estimularnos al amor y a las buenas obras; no dejando de congregarnos, como algunos tienen por costumbre, sino exhortándonos" (Hebreos 10:24,25).

Todos necesitamos reunirnos con las personas que nos dan ánimo, las que nos infunden esperanza cuando sentimos desesperanza; fe cuando nos parece que hemos perdido la fe, y amor cuando sentimos que nadie tiene por qué amarnos. Hasta los más fuertes entre las "personas de la brecha" necesitan recibir aliento para cumplir el plan de Dios para su vida. Nehemías necesitaba que el rey creyera en él. Ester necesitaba que Mardoqueo la ayudara a aprovechar el momento de su destino. Noé necesitaba que sus hijos trabajaran con él para construir el arca. David necesitaba que Samuel confirmara su llamado para darse cuenta de su potencial.

Uno de los líderes más grandes que la Iglesia ha tenido fue el apóstol Pablo. Al principio de su trayectoria, estaba dentro de una brecha, un lugar de vulnerabilidad, debilidad, y peligro. Necesitaba con urgencia que alguien se parara en la brecha a su favor.

¡Y USTED PENSABA QUE SU SITUACIÓN ERA DIFÍCIL!

Los primeros días y semanas después de la venida del Espíritu Santo en Pentecostés fueron electrizantes. Aquel día solo había ciento veinte personas en el aposento alto, esperando como Jesús les había dicho, pero cuando el Espíritu descendió sobre ellos, ¡cambiaron al mundo! Miles de personas respondieron positivamente al mensaje del Evangelio de la gracia (Hechos 1–2). Y aquellos nuevos creyentes no se limitaron a sentarse en las bancas (en parte porque en aquel entonces ellos no tenían bancas). Propagaban la noticia acerca de Jesús por todas las regiones que los rodeaban, y compartían sus posesiones para cuidar de los necesitados. La gracia y la generosidad: esos eran los rasgos de los primeros creyentes (Hechos 4:32–37).

Cuando los líderes religiosos y los romanos mataron a Jesús, dieron por seguro que sus seguidores desaparecerían en medio del panorama, porque eso es lo que había sucedido antes cuando alguien había tratado de liderar una revolución. Sin embargo, esta vez las cosas fueron diferentes: ¡el movimiento creció!

Nos podemos imaginar el alivio que sintieron los líderes, tanto judíos como romanos, el sábado que siguió a la ejecución de Jesús. Estaban seguros: por fin se había acabado todo aquel escándalo. Pero unos pocos días más tarde, recibieron ominosos informes de que Jesús se le había aparecido a diversas personas; ¡no a una o dos solamente, sino a quinientas al mismo tiempo! En las semanas que siguieron, los seguidores más cercanos de Jesús se pusieron en pie para predicar que Él había vuelto a la vida, y que era Jehová Dios... ¡su Dios!

La élite gobernante se había sentido amenazada por Jesús y por los pocos que lo seguían. Ahora la amenaza era todavía mayor, porque se trataba de un número mucho mayor de personas. Así que llevaron a Pedro y a Juan al Sanedrín, el senado judío, y se quedaron atónitos ante la elocuente defensa de la fe en Jesús que hizo un pescador sin estudios. Más tarde, la secta de los saduceos se sintió celosa de la popularidad de los apóstoles, así que hicieron que los arrestaran y los metieran en la prisión. El Señor envió un ángel para liberarlos. ¡Al día siguiente, cuando los saduceos los buscaron en la celda, los apóstoles ya estaban predicando en los atrios del templo! Los arrestaron de nuevo, y Pedro presentó otra brillante defensa. Los saduceos querían ejecutarlos a todos, pero uno de sus líderes los persuadió de que dejaran ir a los apóstoles... por el momento.

Poco tiempo después arrestaron a un diácono llamado Esteban por predicar acerca de Jesús. En su juicio, le dio a los ancianos judíos una larga explicación de la historia de la fe; la historia de la fe de ellos, y de la manera tan directa en que señalaba hacia la persona de Jesucristo. Cuando terminó, lo sentenciaron a morir lapidado. Cuando los hombres recogieron las piedras para lapidarlo, se quitaron los mantos y los pusieron a los pies de uno de sus líderes más feroces: Saulo de Tarso.

La ejecución de Esteban fue el comienzo de una extensa persecución contra los cristianos. Muchos creyentes huyeron de Jerusalén y se fueron a los poblados y las ciudades de toda Judea y Samaria. En su relato sobre los principios de la Iglesia, Lucas nos dice: "Y hombres piadosos llevaron a enterrar a Esteban, e hicieron gran llanto sobre él. Y Saulo asolaba la iglesia, y entrando casa por casa, arrastraba a hombres y a mujeres, y los entregaba en la cárcel" (Hechos 8:2,3).

En su búsqueda casi obsesiva de los cristianos, Saulo partió rumbo a Damasco. Tenía planes de arrestar allí a muchos de ellos. Sin embargo, en el camino su viaje se vio interrumpido cuando se le apareció Jesús en medio de una resplandeciente luz. Cegado por la luz de la gloria y la gracia de Dios, Saulo entró a Damasco ayudado por sus compañeros de viaje, ahora como un humilde hombre que acababa de creer en Jesucristo, y no como el archienemigo de Jesús.

Después de recuperar la vista y recibir el bautismo, Saulo fue a la sinagoga local a predicar. En su mensaje, dijo lo contrario de lo que todos esperaban. ¡En vez de negar a Jesús y amenazar a sus seguidores, predicó que Jesús es el Hijo de Dios!

> "Y todos los que le oían estaban atónitos, y decían: ¿No es éste el que asolaba en Jerusalén a los que invocaban este nombre, y a eso vino acá, para llevarlos presos ante los principales sacerdotes? Pero Saulo mucho más se esforzaba, y confundía a los judíos que moraban en Damasco, demostrando que Jesús era el Cristo" (Hechos 9:21–22).

Saulo se hallaba en una situación complicada. Los judíos que no habían creído, sus antiguos aliados, conspiraban ahora para matarlo. En una dramática huida, unos cuantos hombres lo bajaron en un canasto por un agujero en la muralla de la ciudad. Estaba a salvo en cuanto a aquellos judíos, pero ahora tenía otro problema: los cristianos no creían que su conversión fuera genuina. En aquel momento tan crítico de su vida, y de la historia del movimiento cristiano, los judíos odiaban a Saulo y lo acusaron de traicionarlos, y los creyentes estaban demasiado aterrados como para confiar en él.

LA IMPORTANCIA DE UN NOMBRE

Cuando Saulo regresó a Jerusalén, era un hombre sin nación, sin amigos, y sin hogar. Trató de reunirse con los líderes de la Iglesia, pero éstos tal vez dijeron entre ellos: "¿Acaso se cree que nosotros sufrimos de amnesia? ¡Unos pocos días atrás trató de capturarnos para matarnos!"

Fue en aquel momento cuando intervino un hombre llamado Bernabé. Este escuchó el relato de Saulo acerca de lo que había sucedido en el camino a Damasco, su predicación en la ciudad y su huida, y lo creyó por completo. Entonces fue con él donde estaban los apóstoles y habló a favor de su nuevo amigo. Bernabé era un hombre en el que se podía creer. Los apóstoles sabían que era un hombre íntegro y sabio, así que aceptaron su intervención a favor de Saulo.

Tan pronto como Saulo comenzó a hablar en Jerusalén a favor de Jesús, hubo algunos judíos griegos que se enfurecieron y trataron de matarlo. En aquella situación, los apóstoles dieron pasos para defender a su nuevo hermano en Cristo. Lo escoltaron hasta la costa, y allí él tomó un barco que iba con rumbo norte hacia Tarso, su ciudad natal.

Más tarde, Saulo se convertiría en el autor de gran parte del Nuevo Testamento, el hombre que fundó iglesias por todo el imperio romano, y probablemente, el mayor líder que la Iglesia haya conocido jamás. Pero de no haber sido por Bernabé, ¿quién sabe cuan diferente hubiera sido la vida de Saulo?

De no haber sido por Bernabé, ¿quién sabe cuan diferente hubiera sido la vida de Saulo?

Lucas nos presenta a Bernabé en los primeros capítulos del libro de los Hechos. Su nombre judío era José. Era levita, originario de Chipre. El impacto que causaba en los demás era tan positivo, que se ganó un apodo que usó toda su vida: Bernabé. En griego Bar significa "hijo de", y navyá "consolación". O sea, que aquel hombre era conocido como el "Hijo de la Consolación".

En los primeros días de la Iglesia, muchas personas habían llegado desde tierras lejanas para celebrar la fiesta judía de Pentecostés. Cuando escucharon el mensaje del Evangelio y sintieron que debían conocer y seguir a Cristo, muchos decidieron quedarse. Sin embargo, solo habían traído consigo provisiones para una visita corta. Había miles de ellos en la ciudad con una fe nueva y vibrante en Jesucristo, pero sin dinero ni tarjetas de crédito. Bernabé no se limitó a contemplar la situación y decir: "¡Qué pena!" Hizo algo para aliviarla. "Como tenía una heredad, la vendió y trajo el precio y lo puso a los pies de los apóstoles" (Hechos 4:36). Su acto tan radical de generosidad animó a la Iglesia recién nacida.

No es corriente que nos busquemos nosotros mismos un apodo. George, el inadaptado social que aparece en el programa de comedia Seinfeld, lo intentó, pero sus esfuerzos le produjeron un efecto que no quería. En su búsqueda de una nueva imagen, se dedicó a comer una chuleta T-bone en cada restaurante, e intentó seriamente convencer a sus compañeros de trabajo que lo llamaran "T-bone". En vez de este apodo, terminó con el de Koko, porque a ellos les recordaba más bien a esta famosa gorila hembra de California.

Es más frecuente que los apodos surjan cuando otras personas notan en nosotros algo que nos distingue. Yo lo sé muy bien. Siendo niño, mi familia me llamaba "Chocolate", porque me encantaban los dulces y el chocolate. Yo no salí a hacer campaña para que me dieran ese apodo; me lo puso mi familia. Como ve, el apodo siempre dice algo acerca de la persona que lo lleva. El apodo de Chocolate significa que me gusta el dulce. Yo habría preferido que me llamaran "poderoso guerrero", pero no importa. Al fin y al cabo, es mucho mejor que el de Koko (pobre George).

¿Qué pasaría si a usted y a mí nos pusieran un apodo que se basara en nuestra personalidad? Si tenemos en cuenta que la palabra bar significa hijo, habría algunos de nosotros a quienes los llamarían Bar–quejumbroso, Bar–chismoso, Bar–pasivo, Bar–mentiroso o Bar–manipulador. A otros los llamarían Bar–gozoso, Bar–esperanza, Bar–paz... o tal vez Bar–consolación, es decir, Bernabé.

Muchas veces, la gente no valora la consolación cuando las cosas marchan bien, pero se aferra a ella como si fuera una balsa salvavidas en los tiempos de tribulación. Cuando los nuevos creyentes tuvieron necesidades económicas, Bernabé intervino, y los ayudó con generosidad. Cuando Saulo fue desechado por todos, Bernabé reconoció su potencial, en vez de considerarlo una amenaza. Es frecuente que despreciemos el sufrimiento y la persecución, pero durante estos momentos es cuando estamos más receptivos a la consolación... procedente del Espíritu Santo, y de las personas llenas del Espíritu.

PODEROSOS ASOCIADOS

En la persecución que siguió a la ejecución de Esteban, los creyentes huyeron lejos, hasta las costas de Fenicia (el Líbano moderno), la isla de Chipre y Antioquía. Esta, la tercera ciudad en importancia dentro del imperio romano, se hallaba situada en la esquina nordeste del mar Mediterráneo. Cuando Felipe viajó hasta esa zona, le predicó el Evangelio a los judíos. Algunos de ellos creyeron, y les comenzaron a hablar a los gentiles acerca de Jesús, y muchos de estos gentiles creyeron también. Aquello fue un asombroso acontecimiento. Históricamente, los judíos y los gentiles se despreciaban. Ahora alababan a Dios al unísono. Era como una iglesia donde hay gente de color, hispanos, y anglos; ricos y pobres; inmigrantes y oriundos del lugar, y todos tienen puesto el corazón en Dios.

Cuando la noticia de este maravilloso suceso llegó a Jerusalén, los apóstoles enviaron a Bernabé a Antioquía, para que ayudara a esos creyentes a crecer en su fe en Dios, y en su amor mutuo. Él causó entre ellos un impacto, animándolos y atrayendo más personas aún a la fe en Cristo.

Y mientras estaba por aquellos lugares, Bernabé se lanzó a una misión adicional. Se fue hasta Tarso, que se hallaba cerca, para encontrar a Saulo, quien es posible que hubiera tenido allí una larga estancia de diez años. Lo localizó y regresó con él a Antioquía. Bernabé sabía que consolar a los demás es algo que muchas veces exige sacrificios. No esperó a que Saulo acudiera donde él estaba. En ese tiempo, viajar era algo difícil y peligroso, pero a él no le importó. Dejó la comodidad de un ministerio próspero para ir en busca de una persona; de un hombre que llevaría el Evangelio hasta los rincones más lejanos de la civilización.

Durante un año, estos socios tan dispares, el generoso hijo de la consolación y el opresor convertido, supervisaron la iglesia, enseñaron la Palabra y llevaron a más gente aún a los pies de Jesús. Fue allí, en Antioquía, donde a los creyentes se les llamó cristianos por vez primera. Es posible que los incrédulos de Antioquía inventaran este nombre como un insulto ofensivo, puesto que puede significar "pequeños mesías" o "pertenecientes a Cristo", pero los creyentes lo comenzaron a usar como un distintivo de honor.

Más tarde, mientras los profetas de Antioquía estaban orando y ayunando, el Espíritu Santo les dijo: "Apartadme a Bernabé y a Saulo para la obra a que los he llamado" (Hechos 13:2). Oraron por los dos hombres y los enviaron a su primer viaje misionero para que predicaran el Evangelio y fundaran iglesias en regiones que Jesucristo no era conocido. Ellos colaboraron entre sí de una manera poderosa. Al principio, Bernabé era el socio principal. Había tomado la iniciativa y le había enseñado a Saulo, cuya misión encomendada por Dios era llevar el Evangelio a los gentiles. Tal vez fuera esa la razón de que dejara de usar su nombre de Saulo, que era judío, para comenzar a usar el nombre de Pablo, que era romano.

Sin embargo, poco tiempo después los dones de Pablo para la predicación y el liderazgo se hicieron evidentes para todos. Entonces él se convirtió en el líder, en vez de ser colaborador. Cuando cambiaron las responsabilidades, Bernabé no se puso celoso ni mezquino. Él fue generoso con su dinero, con su tiempo y con la misión que Dios les había dado.

Cuando otros dudaron de que Pablo había creído realmente, Bernabé vio su potencial. Cuando Pablo pasó solo largo tiempo en Tarso, Bernabé dejó un ministerio floreciente y fue en su busca para trabajar con él. Cuando el espíritu competitivo normal por alcanzar el prestigio habrían podido malograr una hermosa relación, Bernabé ocupó el asiento trasero y observó complacido cómo obraba Dios a través de Pablo.

No me parece que exagero si digo que sin Bernabé, los creyentes de Jerusalén no habrían aceptado a Pablo. Sin Bernabé, Pablo habría languidecido en Tarso. Sin Bernabé, Pablo no se habría convertido en uno de los mayores líderes en la historia de la Iglesia. Sin Bernabé, Pablo no habría contribuido al Nuevo Testamento con sus valiosas epístolas y su inspiradora teología.

Bernabé también vio potencial en otro joven líder: Juan Marcos. Pero después de que el joven los abandonó en uno de sus viajes misioneros, Pablo se dio por vencido con él, pero Bernabé fue más paciente y lo perdonó. Más tarde, Juan Marcos escribió su evangelio, y se redimió su imagen a los ojos de Pablo. Así fue como Bernabé dejó sus huella dactilar en otro acontecimiento importante de las Escrituras. Dondequiera que iba, Bernabé tenía la capacidad recibida de Dios que le permitía ver más allá de los defectos obvios de las personas, para descubrir en ellas un enorme potencial.

EN BUSCA DE LOS BERNABÉS DE HOY

En la Iglesia de hoy necesitamos gente como Bernabé. Necesitamos gente que vea más allá de la tenebrosa y airada mirada de un adolescente para descubrir un corazón tierno y sensible. Necesitamos gente que se acerque a un joven introvertido lleno de inseguridades, o a un airado abusador, y vea en ellos una hermosa persona que espera ser revelada. Necesitamos personas que vayan más allá de las airadas discusiones de una pareja para ayudarlos a descubrir el amor que ha estado sepultado por demasiado tiempo. Necesitamos personas que vean el potencial de hombres y mujeres, niños y niñas quebrantados, resentidos y encadenados a una adicción. La mayoría de nosotros nos alejamos de esta clase de personas. No queremos participar en su desordenada vida, ni queremos que su mala fama contamine nuestro buen nombre. Bernabé no vivió preocupado por su reputación. Estuvo dispuesto a mirar más allá de lo evidente y debajo de la superficie. Cuando otros se sentían aterrados ante Pablo, Bernabé pudo ver los puntos fuertes latentes de su liderazgo y el corazón arrepentido de un hombre humillado.

La Iglesia está formada por personas que se encuentran en una condición calamitosa, pero que con toda sinceridad confiesan que necesitan ayuda: necesitan el amor de Dios, su perdón y su aceptación.

Si andamos en busca de una iglesia llena de gente perfecta, nos llevaremos una gran desilusión. La Iglesia está formada por personas que se encuentran en una condición calamitosa, pero que con toda sinceridad confiesan que necesitan ayuda: necesitan el amor de Dios, su perdón y su aceptación.

En su libro *En defensa de Dios*, el pastor y escritor Tim Keller observa:

"Me doy cuenta de que el principal problema de muchas personas con el cristianismo tiene mucho más que ver con la iglesia que con Jesús. No quieren que les digan que para ser cristianos y llevar una vida cristiana, necesitan encontrar una iglesia en la que puedan crecer. Han tenido demasiadas malas experiencias con las iglesias. Lo comprendo perfectamente. Acepto que, en general, quienes asisten a la iglesia, en lo sicológico y moral, pueden ser más vulnerables que quienes no asisten a ella. Eso no nos debería sorprender más que el hecho de que las personas que visitan la clínica de un médico están mucho más enfermas que las que no van a ella. Es lógico que las iglesias atraigan a una proporción mayor de gente necesitada. También encontramos a muchas personas cuya vida ha sido completamente transformada y ahora están llenas del gozo de Cristo."[23]

Tal vez hemos estropeado las cosas en nuestro matrimonio, con nuestros hijos, en nuestro trabajo, y nuestras finanzas, con nuestras adicciones destructoras y nuestros hábitos molestos, pero tenemos la confianza de que Dios nos limpia y nos transforma desde dentro hacia fuera.

Bernabé no estaba buscando una vida fácil. Quería una vida que tuviera valor, y por eso estuvo dispuesto a vender su propiedad para ayudar a unas personas que él ni siquiera conocía. No estaba buscando tampoco una vida cómoda. Confiaba que Dios le daría ojos para ver dentro del corazón de un asesino y poderle impartir vida y esperanza. Como ningún otro, se daba cuenta de que la gracia podía moldear el fervor lleno de ira que sentía Pablo para convertirlo en una fe tenaz que lo llevara a cumplir el llamado de Dios.

En cierta ocasión escuché la historia de un hombre que se entusiasmó cuando oyó un sermón acerca de lo importante que es sacrificarse para servir. Pidió una cita con el pastor, y le dijo: "Pastor, aquí estoy para participar personalmente con todos mis dones en un ministerio de sensibilidad y de sacrificio que desafíe las radicales proclamaciones del Evangelio de Jesucristo a una sociedad secularizada y pobre en valores."

"El pastor le respondió: "¡Estupendo! ¿Cuándo puede comenzar?"

"Tengo libres las tardes de los jueves de tres a cuatro."

Como muchos de nosotros, aquel hombre no tenía idea de lo que cuesta seguir a Cristo, y del precio que necesitamos pagar cuando invertimos nuestro tiempo, talentos y tesoro para dar aliento a los necesitados. Tanto para Bernabé, como para nosotros, ese precio es elevado, pero así es como Dios nos usa para cambiar vidas de manera radical con su amor, su poder y su sabiduría.

Muchas veces tenemos un concepto romántico de lo que era la Iglesia en sus primeros años, y decimos: "Hombre, cómo me gustaría que volviéramos a como eran las cosas en el libro de los Hechos". Sí, claro. Aquellos creyentes eran arrestados y torturados, expulsados de las ciudades y perseguidos, ¡y cuando se reunían, discutían si Dios podría aceptar a los gentiles (lo cual incluye la mayor parte de los que lean este libro)! Con esas suspicacias y esos odios tan profundos, ya se podrá imaginar la calidad de sus relaciones.

En este ambiente fue donde Dios usó a Bernabé como un rayo de luz. Él sabía que el amor y el poder de Dios podían transformar a las personas, de manera que pudieran acercarse a los que habían sido sus enemigos, para aceptarlos. Paganos y judíos, los de fuera y los de dentro, son bien recibidos todos en la familia de Dios. Sin embargo, hacía falta un hombre especial que se pusiera en aquella gran brecha por Pablo, por la iglesia y por cada una de las generaciones que les siguieron, que se han beneficiado de esa capacidad que tenía Bernabé de ver potencial donde otros se resistían a verlo.

A veces no es fácil hallar potencial en las personas. Es posible que no se limiten a ser *diferentes*, sino que sean genuinamente imposibles de amar. La Madre Teresa se hizo famosa por haber cuidado de los más pobres de la India. Sin embargo, su compasión nació de una tragedia. Cuando ella tenía ocho años de edad, su padre murió de manera misteriosa. En su dolor, ella buscó consuelo en dos fuentes: su madre y su Dios. Su madre era una mujer generosa y llena de bondad. Aunque no era rica, invitaba a cenar con frecuencia a los pobres de su ciudad de Macedonia. Su pequeña hija siempre la estaba observando.

En su infancia, Teresa asistió a una escuela que operaba en un convento, y cuando tuvo suficiente edad, hizo sus primeros votos. Llevó a cabo su aprendizaje en la India. La asignaron a una escuela para que enseñara geografía e historia a los niños más pobres de Calcuta. Alrededor de una década más tarde, mientras iba en tren a un retiro en las montañas, escuchó la voz de Jesús, que le decía: "Quiero monjas indias, Misioneras de la

Caridad, que sean el fuego de mi amor entre los pobres, los enfermos, los moribundos y los niños más pequeños. Sé que tú eres la persona menos capaz para hacer esto, débil y pecadora, pero precisamente porque eres así, te quiero usar para mi gloria. ¿Me rechazarías?"

Sin tener nada más que un vago sentido de dirección, Teresa trazó un plan y se consagró a educar, alimentar y apoyar a los pobres de Calcula. Comenzó una escuela y abrió un hogar para los moribundos que no tenían ningún otro lugar donde ir. Su obra, que solo contaba con doce monjas en esos momentos, se amplió muy pronto para incluir una colonia de leprosos, un asilo de ancianos, un orfanato y muchas clínicas de salud móviles.

En 1997, cuando falleció, sus obras de caridad contaban con más de cuatro mil miembros del personal y muchos miles de voluntarios, con seiscientas diez fundaciones en ciento veintitrés países. La Madre Teresa fue una mujer de una gran fe, pero de pocas palabras. Su compasión por los más pobres expresaba con toda claridad lo que había en su corazón, y de su tenacidad por cuidar de aquellos a los que nuestra sociedad ha desechado. En una ocasión hizo esta observación: "A veces pensamos que la pobreza es solo tener hambre y falta ropa y techo. La mayor de las pobrezas es la de no interesarle a nadie, no tener el amor de nadie, y que nadie se preocupe de nosotros. Debemos comenzar a remediar esta clase de pobreza en nuestros propios hogares".[24]

Al igual que la Madre Teresa, ¿está usted dispuesto a mirar más allá del color de la piel de una persona para ver un corazón que puede ser ablandado y moldeado por el amor de Jesús?

> La mayor de las pobrezas es la de no interesarle a nadie, no tener el amor de nadie, y que nadie se preocupe de nosotros.

¿Está dispuesto a mirar más allá del acento o el idioma de una persona para establecer amistad con alguien que procede de una cultura distinta a la suya?

¿Está dispuesto a preocuparse tanto por las trágicas circunstancias en las que vive otra persona, que no le importe lo que piensen los demás cuando usted se acerque a ella?

¿Está dispuesto a pensar más en el llamado de Dios a amar a las personas, que en el placer de encontrar los defectos de aquellos que no están de acuerdo con sus ideas políticas?

¿Está dispuesto a sacrificar su comodidad para cuidar de los necesitados?

¿Está dispuesto a echar a un lado su agenda para seguir el plan de Dios, que consiste en amar a "los más pequeñitos"?

Es irónico que en el mismo capítulo que nos habla de como Dios envió a Bernabé a Antioquía para unir a los creyentes de origen gentil y de origen judío, también se hable de que el Espíritu le dio a Pedro una visión y le dijo: "Lo que Dios limpió, no lo llames tú común" (Hechos 11:9). Una de las señales de una iglesia llena de fariseísmo es el que tenga líneas divisorias establecidas entre esta clase de personas y esta otra; este grupo étnico y aquel otro; esta tendencia política y aquella otra. Al igual que Pedro, es muy posible que Bernabé también escuchó al Espíritu, porque se negó a llamar inmundo a su colega Pablo o a los gentiles, a los que los judíos menospreciaban.

El impacto que causó Bernabé en Pablo me habla a mí de manera muy personal. Cuando yo tenía dieciséis años, era un cabeza hueca. Por decirlo delicadamente, era un inmaduro. Como muchos adolescentes, estaba luchando por encontrar mi propio camino. Había crecido en un vecindario difícil, y nunca había escuchado el mensaje de la gracia de Dios, hasta que unos cuantos jóvenes de una iglesia pentecostal me manifestaron su amor y me hablaron de Jesús. ¡El Evangelio me parecía demasiado bueno para ser cierto! Me uní a la iglesia, y quise crecer. Quería que Dios me usara para tocar la vida de otras personas.

Un día, que estaba en la iglesia, se me acercó una señora. Me imagino que ella pensaría que me estaba haciendo un anuncio profético cuando me miró a los ojos y me dijo: "¡Jovencito, tú nunca servirás para nada!" Me sentí destrozado. Sin embargo, por alguna razón, comprendí que lo mejor era no hacerle caso. Su mensaje era lo opuesto a las Buenas Nuevas. ¡En realidad eran malas nuevas! Era una anti–Bernabé!

Me saqué su mensaje de la mente y del corazón. No fue fácil, pero era esencial que lo hiciera. Si le hubiera hecho caso, no habría seguido buscando a Jesús. Lo habría echado todo a rodar en mi desencanto. No habría creído que Dios me pudiera usar jamás para abrir iglesias, edificar líderes y establecer el Chicago Dream Center donde la vida de muchas personas sería transformada con el poder de la gracia de Dios. Si le hubiera creído, me habría perdido en el estancado mundo de la pobreza y la falta de esperanza. Pero le doy gracias a Dios, porque puso en mi vida gente como Bernabé. Aquella señora no veía potencial alguno en el material en crudo que era mi vida, pero ellos sí. No estaban ciegos. Se daban cuenta de que era un cabeza hueca, pero me amaban así como yo era, y creían en que Dios tenía un propósito para mi vida. Yo me alimenté con la fe que tenían ellos... en Dios y en mí. Mi vida es diferente hoy, porque Dios me dio uno o dos Bernabés que me levantaron el ánimo en esos momentos en que tenía poca fe en mi futuro.

Ahora quiero ser yo un Bernabé para las personas que me rodean. Dios puso en nuestra vida hace trece años a una joven llamada Yolanda, y para nosotros fue una felicidad recibirla como parte de la familia. Yolanda había nacido en El Salvador antes de los años de agitación civil de los ochenta y los noventa. Su padre abandonó la familia cuando ella solo tenía seis años. Solo tenía a su mamá y a dos hermanos. Las cosas empeoraron cuando ella tenía ocho años de edad. A su madre le dispararon y la mataron, probablemente como resultado de la inestabilidad política que vivía el país. El misterio en torno a la muerte de su madre intensificaba el dolor y la tristeza de Yolanda.

Después de la muerte de su madre, vivió por un tiempo con su padre, y después con otros parientes. Se estaba mudando continuamente; para ella había desaparecido toda apariencia de estabilidad familiar. A los doce años se mudó a Estados Unidos con su padre y sus hermanos. Al fin estaban juntos en familia, y comenzó el proceso de restauración.

En Estados Unidos, Yolanda comenzó a visitar la iglesia a la que asistían sus padres. Allí oyó el mensaje del Evangelio y recibió a Jesús como Salvador. Por primera vez desde que era pequeña, comenzó a sentir esperanza para el futuro. Durante toda su escuela secundaria, buscó a Dios con la ayuda de su familia de la iglesia. Después de graduarse, asistió a una universidad cristiana de las Asambleas de Dios, y allí sintió que Dios la llamaba a servir en el ministerio.

Vino a nuestra iglesia hace trece años, inmediatamente después de graduarse de la universidad, soñando en su corazón con tener un ministerio. Durante años, sirvió fielmente, superó su pasado y creció en gracia. Mientras servía, Dios restauró su relación con su padre y con los miembros de su familia. Hasta tuvo la oportunidad de regresar a El Salvador, su país natal, para trabajar como misionera. Para Yolanda, aquello era un sueño convertido en realidad. Hoy trabaja como asistente en el ministerio con los hispanos, y con un equipo que ayuda a las víctimas del tráfico sexual.

En un momento de reflexión y de ternura, Yolanda me dijo que yo he sido la única figura paterna constante que ha conocido. Hace poco tiempo falleció su padre. Yo le dije que cuando se case, querría tener el honor de llevarla por el pasillo hasta el altar.

Cuando nos comprometemos a animar a otros, y a ver su potencial, aunque ellos mismos no lo vean, pagamos un precio. Tal vez no crean nuestro mensaje positivo, porque han sufrido intensamente, y por mucho tiempo. El pasado, ya sean sus propios pecados o las heridas que sufren por el pecado de otros, posiblemente los atormenta y los encadena a la amargura y la autocompasión. Dan como un hecho que otras personas los condenarán. Que los abandonarán. Que los consideran un caso perdido. En cambio, nosotros no nos damos por vencidos. Paulatinamente, el ánimo que les infundimos erosionarán las murallas de duda y desaliento. Por fin se abrirá una puerta en su corazón y dejarán entrar algo de amor. ¡Y entonces sucederán cosas asombrosas!

LA FUENTE

La clase de consolación que manifestó Bernabé es mucho más que un elogio fugaz o una sonrisa amistosa. Es un amor tenaz, un optimismo persistente y una fe firme en que Dios puede obrar maravillas para transformar la vida de las personas. Sin embargo, no es necia, ciega, ni ingenua. Bernabé tenía ojos espirituales que vieron el potencial que había en Pablo, y estuvo dispuesto a arriesgar su propia reputación para dedicarse a un hombre al que unos temían y otros despreciaban

Bernabé es la única persona que el libro de los Hechos describe como un "varón bueno". Lucas nos dice: "Porque era varón bueno, y lleno del Espíritu Santo y de fe. Y una gran multitud fue agregada al Señor" (Hechos 11:24). Un varón bueno es un hombre que se siente maravillado ante la gracia de Dios, y por eso es humilde y osado a la vez. Confía en la justicia de Cristo, y no en la suya propia. Obedece la voluntad de Dios

La clase de consolación que manifestó Bernabé es mucho más que un elogio fugaz o una sonrisa amistosa. Es un amor tenaz.

con valentía, aun en los momentos en que no le es conveniente hacerlo; aun cuando los demás piensen que es una necedad; aun a expensas de su propia vida. Es una persona que está llena del Espíritu de Dios, en vez de estar amarrada a un plan personal.

¿Dónde encontramos la fuerza para acercarnos a los que son diferentes a nosotros? Si amamos, es porque nosotros mismos hemos experimentado el asombroso amor de Dios. Juan escribió: "En esto consiste el amor: no en que nosotros hayamos amado a Dios, sino en que él nos amó a nosotros, y envió a su Hijo en propiciación por nuestros pecados. Amados, si Dios nos ha amado así, debemos también nosotros amarnos unos a otros" (1 Juan 4:10,11).

Perdonamos, porque acudimos al profundo pozo del perdón de Dios de donde obtenemos gracias para nuestros propios pecados. Pablo lo describe así: "Vestíos, pues, como escogidos de Dios, santos y amados, de entrañable misericordia, de benignidad, de humildad, de mansedumbre, de paciencia; soportándoos unos a otros, y perdonándoos unos a otros si alguno tuviere queja contra otro. De la manera que Cristo os perdonó, así también hacedlo vosotros" (Colosenses 3:12,13).

Y aceptamos a los demás, porque nos sentimos protegidos en el cálido abrazo de Jesús. Pablo nos dice: "Por tanto, recibíos los unos a los otros, como también Cristo nos recibió, para gloria de Dios" (Romanos 15:7).

¿No le encantaría tener a un amigo como Bernabé? ¿Cree usted que la gente de su familia, de su negocio, de su iglesia y su vecindario quisieran que usted fuera como él? Ellos están esperando que usted alivie su dolor con el ungüento sanador del amor de Dios, y no con condenación. Están esperando que usted entienda que esa actitud defensiva es una reacción de un profundo dolor, y que los ame, aunque ellos respondan con agresividad. Están esperando que usted les diga palabras de vida y de esperanza, en vez de criticarlos.

Los cónyuges tienen la oportunidad de cultivar entre ellos un trato al estilo Bernabé. Los padres tienen la oportunidad de ser como Bernabé con sus hijos. Los amigos tienen la oportunidad de ser como Bernabé unos con otros.

Si usted se compromete a ser un Bernabé en la vida de otros, Dios traerá uno o dos Bernabés a su vida. Es la ley de la siembra y la cosecha: recogemos lo que hemos sembrado. ¿Qué está sembrando usted?

Bernabé se puso en la brecha a favor de Pablo cuando nadie creyó en él, ni quería saber de él. Hoy, alrededor de usted hay personas que están en la misma situación. Sea un Bernabé. Cave profundamente para experimentar el amor, el perdón y la aceptación de Cristo, y después deje que su corazón desborde de la gracia de Dios, de manera que fluya a la vida de los que le rodean. Descubra el potencial de ellos. Seguramente la vida de ellos nunca será como antes. Ni la suya tampoco.

PIÉNSALO . . .

1. Después de la conversión de Saulo, y al oír su predicación acerca de Jesús, ¿cómo habría respondido usted si hubiera sido un judío incrédulo? ¿Cómo habría respondido si hubiera sido cristiano y hubiera notado el cambio en él?

2. ¿Qué significa realmente animar a las personas? ¿Cómo las afecta?

3. ¿Qué nos puede costar el derramarnos en la vida de otras personas?

4. ¿Por qué es importante que procuremos no ser ingenuos ni necios al relacionarnos con personas cuya vida está en ruinas? ¿Cómo podemos ser más intuitivos y valientes, y tener más esperanza?

5. ¿Cuáles son las excusas que inventa la gente para no invertir tiempo, talentos, y dinero en ayudar a los que sufren y que luchan en la vida?

6. Si sus conocidos le pusieran un apodo, como Bar–[lo que sea], ¿cuál sería? ¿Cuál querría usted que fuera?

7. ¿Por qué es tan importante que experimentemos de tal manera el amor, el perdón y la aceptación de Cristo, que desborden de nosotros y fluyan a otros? ¿Qué sucede cuanto tratamos de ayudar a las personas, pero no estamos llenos del Espíritu?

8. ¿Le ha puesto Dios a alguien en el corazón mientras leía este capítulo? ¿Cuál es su próximo paso?

9. ¿Qué le ha mostrado Dios a través de la historia de Bernabé?

6 JUAN EL BAUTISTA

. . . estaba dispuesto a arriesgarse

"Desde los días de Juan el Bautista hasta ahora, el reino de los cielos sufre violencia, y los violentos lo arrebatan. Porque todos los profetas y la ley profetizaron hasta Juan. Y si queréis recibirlo, él es aquel Elías que había de venir. El que tiene oídos para oír, oiga"
(Mateo 11:12–15).

Quienes se ponen en la brecha por otros no son réplicas de un mismo molde. Son diferentes… realmente diferentes. En Nehemías vimos a un talentoso y compasivo funcionario del gobierno; en Ester, a una hermosa reina; en Noé, a un hombre que preparó a su familia para una catástrofe; en David, a un pastorcito menospreciado, y en Bernabé, a un hombre que era mentor de mentores. Todos eran personas muy diferentes, que vivían en circunstancias también diferentes; sin embargo, el llamado de Dios fue el mismo: ellos escucharon su voz y se pusieron en la brecha en momentos de debilidad, vulnerabilidad, y peligro. En este capítulo, examinaremos uno de los personajes más extraños de la Biblia: Juan el Bautista. Si usted ha pensado que no cabe dentro del molde de una "persona de la brecha", siga leyendo. Juan es un buen ejemplo de lo contrario.

EN RETROSPECTIVA

El último de los libros del Antiguo Testamento fue escrito unos cuatrocientos años antes del nacimiento de Jesús. Durante todo ese tiempo, Dios aparentemente guardó silencio. El pueblo de Dios, una generación tras otra, esperaba que llegara el Mesías prometido que los liberaría. Hubo quienes se impacientaron y pelearon sangrientas batallas contra los sirios y las fuerzas de ocupación de los romanos. Cuando las legiones romanas tomaron el control de su tierra, los judíos anhelaron más aún la llegada del Mesías. Pero antes, según se les había dicho, vendría otro hombre para anunciar su venida.

Ese otro hombre era Juan el Bautista. Cuando se nos describe por vez primera, parece como una especie de retroceso a los profetas antiguos; un personaje sacado directamente de las páginas del Antiguo Testamento. Pero Juan no era un personaje secundario en la historia del plan de Dios para salvar al mundo. De hecho, los profetas habían anunciado centenares de años antes el papel que cumpliría, y Lucas comienza su evangelio con un largo relato sobre su nacimiento. Si en la historia de la salvación se hubieran otorgado premios "Oscar", Juan habría ganado uno de ellos por haber sido el mejor actor en un papel de apoyo.

El ángel Gabriel se le apareció al sacerdote Zacarías, el padre de Juan, y le dijo a aquel anciano que tendría un hijo. Esto es lo que el ángel dijo:

> "Zacarías, no temas; porque tu oración ha sido oída, y tu mujer Elisabet te dará a luz un hijo, y llamarás su nombre

> Juan. Y tendrás gozo y alegría, y muchos se regocijarán de su nacimiento; porque será grande delante de Dios. No beberá vino ni sidra, y será lleno del Espíritu Santo, aun desde el vientre de su madre. Y hará que muchos de los hijos de Israel se conviertan al Señor Dios de ellos. E irá delante de él con el espíritu y el poder de Elías, para hacer volver los corazones de los padres a los hijos, y de los rebeldes a la prudencia de los justos, para preparar al Señor un pueblo bien dispuesto" (Lucas 1:13–17).

Elías había sido uno de los profetas más famosos y poderosos de la Biblia. Se había predicho que él vendría para anunciar la venida del Mesías. ¡Gabriel le dijo al estupefacto padre de Juan que su hijo vendría "con el espíritu y el poder de Elías"! Y eso no es todo. Le dijo también que Juan haría volver los corazones de los padres a sus hijos.

Tal vez nosotros no frunzamos el ceño al leer esto, pero cualquier judío del siglo primero se daría cuenta enseguida de que estas palabras aparecen en la última línea del libro de Malaquías, que es el último libro del Antiguo Testamento. Juan sería el puente entre lo antiguo y lo nuevo; entre la promesa y su cumplimiento; entre la expectación del Mesías y su llegada; la respuesta a todas sus esperanzas.

Me puedo imaginar las conversaciones que tendría Zacarías con Juan cuando este era niño. "Hijo, yo sé que no quieres ir a la escuela, pero recuerda que éste es un tiempo de entrenamiento. Dentro de unos pocos años, tú prepararás al mundo para el Rey enviado de Dios. Y dicho sea de paso, cómete los fréjoles.

Necesitas mantenerte fuerte". Juan creció sabiendo que tenía un llamamiento especial. Él cumpliría un papel crucial dentro de los acontecimientos más importantes en la historia del mundo.

PREPARACIÓN DEL CAMINO

La labor de Juan consistía en preparar al pueblo para Jesús. Lo llamó al arrepentimiento: debían examinar su vida, darse cuenta de que eran pecadores, y volver a Dios. El arrepentimiento es un mensaje de cambio. Es una respuesta a la respladeciente luz divina que revela nuestros pecados más profundos, y un humilde reconocimiento de que necesitamos el perdón de Dios. El verdadero arrepentimiento no es solamente interno; la presencia de un corazón transformado se hace evidente en un cambio de actitud y de acción.

El verdadero arrepentimiento no es solamente interno; la presencia de un corazón transformado se hace evidente en un cambio de actitud y de acción.

El arrepentimiento es la respuesta a un mensaje que comunica noticias buenas y malas, sin embargo, las malas noticias vienen primero: "Eres un pecador, y sin el amor y la gracia de Dios estás irremediablemente perdido". Después vienen las buenas noticias: "Pero, Dios te ama, te perdona y cambiará radicalmente tu corazón y tu destino, si dejas que lo haga".

Juan recibía a todos los que tuvieran un corazón humilde; todos los que estuvieran dispuestos a arrepentirse y ser bautizados.

Pero su bautismo señalaba algo más grande y mejor. A los que le hacían preguntas, les decía: "Yo bautizo con agua; mas en medio de vosotros está uno a quien vosotros no conocéis. Este es el que viene después de mí, el que es antes de mí, del cual yo no soy digno de desatar la correa del calzado" (Juan 1:26,27). El agua del bautismo de Juan señalaba hacia la sangre de Jesucristo.

Como es obvio, Juan no había leído ninguno de esos libros que hablan sobre cómo ganar amigos, ni había ido a una escuela para aprender a ser una persona atractiva. Mateo lo describe de esta manera:

> "En aquellos días vino Juan el Bautista predicando en el desierto de Judea, y diciendo: Arrepentíos, porque el reino de los cielos se ha acercado. Pues éste es aquel de quien habló el profeta Isaías, cuando dijo: Voz del que clama en el desierto: Preparad el camino del Señor, enderezad sus sendas. Y Juan estaba vestido de pelo de camello, y tenía un cinto de cuero alrededor de sus lomos; y su comida era langostas y miel silvestre" (Mateo 3:1–4).

¿Cómo le gustaría que un personaje así se sentara junto a usted en el ómnibus, en la escuela, en la oficina o en la iglesia? Olía mal, usaba ropas raras y su dieta, o era innovadora, o sencillamente era extraña. Su mensaje, aunque sencillo y profundo, podía ser tan repelente como su aspecto. A diferencia de muchos predicadores modernos, no endulzaba sus palabras, y no le preocupaba presentar un espectáculo para entretener a la multitud. La gente acudía a él de toda la región, y él la bautizaba en el río

Jordán. Pero cuando los líderes religiosos hicieron acto de presencia, les dijo:

> "¡Generación de víboras! ¿Quién os enseñó a huir de la ira venidera? Haced, pues, frutos dignos de arrepentimiento, y no penséis decir dentro de vosotros mismos: A Abraham tenemos por padre; porque yo os digo que Dios puede levantar hijos a Abraham aun de estas piedras. Y ya también el hacha está puesta a la raíz de los árboles; por tanto, todo árbol que no da buen fruto es cortado y echado en el fuego" (Mateo 3:7–10).

Juan estaba trazando una línea definitoria, y era una línea diferente a lo que el pueblo estaba acostumbrado. La mayoría de las personas daban por seguro que los líderes religiosos tenían una comunicación especial con Dios, y que todos los demás, los pecadores normales, eran unos extraños. Juan consideró ese pensamiento desde otro punto de vista. Imagínese que usted es uno de los líderes religiosos a los que Juan había acribillado a la orilla del río. ¡Estaban furiosos! Ahora, imagine que es una persona común y corriente, que ha temido a la condenación de la élite religiosa. En ese caso, pensaría: *¡Vaya! ¡Este Juan es asombroso! ¡Tal vez Dios tenga algo para mí, al fin y al cabo!*

Juan no trataba al pueblo como lo hacían los líderes religiosos. No hacía distinciones de clase. No manifestaba preferencia por los ricos y poderosos, y menosprecio por los pobres e indefensos. Llamaba a *todo* el pueblo al arrepentimiento; los llamaba a apartarse del pecado y a buscar del perdón de Dios, a cambiar desde su egoísmo al interés por las cosas que a Dios le interesan. Es posible que algunos hubieran viajado hasta el Jordán, solo para ver un espectáculo. ¡En su pueblo no encontraban nada que se asemejara a Juan! Sin embargo, hubo muchos que acudieron a él, porque les ofrecía una esperanza. Por fin una esperanza justa para todos a través de la fe, y más aún, la esperanza de que el Mesías vendría pronto. ¡Por fin llegaría!

Si Juan viniera a su casa y se sentara a tomar una taza de café con usted, ¿qué cree que le diría? ¿Cree que se disculparía por haber manchado el piso con el lodo de sus sandalias? Lo más posible es que no. ¿Se dedicaría a conversar de cosas sin importancia? "Oye, ¿qué te pareció el juego de anoche?", o "¡Qué mostrador de granito tan estupendo! ¿Dónde lo conseguiste? ¿Te dieron un buen precio?" No; ni siquiera se daría cuenta. Yo creo que se inclinaría, lo miraría a los ojos, y le preguntaría: "Dime: ¿cómo está tu alma? ¿Estás cerca de Dios? ¿Estás haciendo lo que Él te llamó a hacer? Sin excusas… sin dar marcha atrás. ¿Qué te ha dicho Dios que hagas, y que todavía no has cumplido? ¿Qué esperas? ¿Sabes? Ya es hora". No pensemos que a Juan le gustaba acribillar a la gente. Más bien, lo que él quería era ver que la gente amara a Dios con todo el corazón. Eso era todo. Era el compromiso que él mismo había hecho, y esperaba verlo en los demás.

El arrepentimiento siempre produce cambios notables en la conducta de la persona. Cuando las personas llegaban al río para escuchar a Juan y ser bautizados, él les decía: "Haced, pues, frutos dignos de arrepentimiento" (Lucas 3:8). Él sabía que cuando se llama a la gente a cambiar de conducta, no faltarán las excusas. Los judíos insistían con frecuencia en que ellos no necesitaban cambiar, porque eran hijos de Abraham. Estaban seguros de que eso los protegía. Juan no aceptaba excusas de ningún tipo (Lucas 3:8,9).

Sus oyentes sentían que la sinceridad y la integridad de Juan no les dejaba escapatoria. Por eso querían saber: "Entonces, ¿qué haremos?"

Juan no se andaba con vagas generalidades, como aquello de "sean buenas personas" o "traten bien a los demás". Le habló de actos concretos de arrepentimiento a todos los grupos de personas que estaban allí presentes:

> "Y respondiendo, les dijo: El que tiene dos túnicas, dé al que no tiene; y el que tiene qué comer, haga lo mismo. Vinieron también unos publicanos para ser bautizados, y le dijeron: Maestro, ¿qué haremos? Él les dijo: No exijáis más de lo que os está ordenado. También le preguntaron unos soldados, diciendo: Y nosotros, ¿qué haremos? Y les dijo: No hagáis extorsión a nadie, ni calumniéis; y contentaos con vuestro salario" (Lucas 3:11–14).

Sin embargo, la aceptación de la mala noticia acerca del pecado es esencial para que podamos recibir la buena noticia del perdón de Dios; la transformación requiere de ambas.

El mensaje sobre la necesidad de un cambio era un desafío para la gente de entonces, y lo es para nosotros hoy. Es mucho más fácil seguir la corriente para llevarse bien con todos, ser pasivo, evitar la conmoción, y aceptar las cosas tal como vienen. Sin embargo, la aceptación de la mala noticia acerca del pecado es esencial para que podamos recibir la buena noticia del perdón de Dios; la transformación requiere de ambas. Es posible que andemos en la dirección equivocada durante largo tiempo: drogas, alcohol, sexo ilícito, codicia, amargura, autocompasión y un centenar más de conductas autodestructivas y centradas en nosotros mismos. Entonces un día, escuchamos un canto o un mensaje, y llega la luz a nuestro corazón. Confesamos nuestros pecados a Dios y experimentamos su intervención purificadora en nuestra vida. Cambiamos por dentro, y por fuera también... y la gente lo nota. Entonces se preguntan: "¿Qué le pasó a ésta?" "¿Qué le pasó a éste?" "¡La persona que yo conocía es distinta por completo!" Eso es el arrepentimiento.

Juan se puso en la brecha de cuatrocientos años que había entre el Antiguo Testamento y el Nuevo Testamento. Para entender los sufrimientos y las esperanzas del pueblo judío en el siglo primero, necesitamos remontarnos a los tiempos del templo de Salomón. En la ceremonia de consagración del templo, la gloria de Dios lo llenó de una manera que era sorprendente y abrumadora. El pueblo pensó que con toda seguridad, la presencia de Dios estaría con él en el templo para siempre.

Sin embargo, pocos siglos después, como vimos en la historia de Nehemías, el pueblo abandonó a Dios. Israel, el reino del norte, cayó en manos de los asirios, y más tarde, Judá, el reino del sur, cayó en manos de los babilonios. Jerusalén y el templo estaban en Judá. Los babilonios saquearon el templo de Dios, robaron todo el oro y desmantelaron por completo el edificio hasta sus cimientos. Aquello fue mucho más que la simple pérdida de unas cuantas posesiones. El corazón espiritual de la nación judía estaba destrozado.

Ezequiel nos dice que la presencia de Dios se había marchado del templo antes que atacaran los babilonios (Ezequiel 10). Después que Zorobabel y Esdras reconstruyeron el templo, alrededor del año 515 a.C., el pueblo esperaba que la gloria de Dios lo llenara de nuevo, pero Él no regresó. No solo estaban esperando, sino que estaban esperando entre las tinieblas de la desilusión y la confusión. ¿Los habría abandonado Dios para siempre?

Durante aquellos siglos, el pueblo de Dios sufrió, esperó, y mantuvo la esperanza de que su Rey volvería al templo en gloria. Pero cuando Él llegó, casi nadie lo notó. Cuando María y José llevaron a Jesús niño al templo para dedicarlo, se nos habla de dos ancianos, Simeón y Ana, que estaban allí para presenciar aquel acontecimiento. La gloria de Dios había regresado, pero no de la forma en que se esperaba.

Unos treinta años más tarde, cuando Jesús apareció en el río Jordán, llegó el momento supremo de Juan. Ese era el momento para el cual se había preparado. Entonces, lo anunció a la multitud: "El siguiente día vio Juan a Jesús que venía a él, y dijo: He aquí el Cordero de Dios, que quita el pecado del mundo. Este es aquel de quien yo dije: Después de mí viene un varón, el cual es antes de mí; porque era primero que yo" (Juan 1:29,30). Para confirmar ante todos los que estaban aquel día en el río que Jesús es el Mesías, Dios envió al Espíritu en forma de paloma que descendiera sobre Él. Entonces Juan bautizó a Jesús, no porque Jesús necesitara el perdón, sino para poner en marcha su ministerio. A partir de aquel momento, Jesús el Rey comenzó a andar hacia la cruz y hacia el establecimiento de su reino.

El mensaje de Juan era que el Rey había llegado, no como un gran guerrero con una espada de fuego y montado sobre un poderoso caballo, sino como el hijo de un carpintero. Algún día, el Rey volvería con los ángeles en poder y fortaleza, pero ahora, Juan lo presentó como "el Cordero de Dios que quita los pecados del mundo". Juan tuvo el increíble privilegio de anunciar la inesperada aparición del Rey. Dios no había hablado durante cuatrocientos años. Para romper aquel prolongado silencio, escogió a un hombre fervoroso, vestido de ropajes extraños, y con un mensaje tan claro como el agua. Escogió a Juan para que llamara al pueblo a arrepentirse, recibir el bautismo y mirar a Jesús.

Cuatrocientos años es mucho tiempo. Cuando tenemos que esperar, es posible que nos volvamos hacia otras fuentes en busca de esperanza y de consuelo. Muchas personas se vuelven al gobierno para que les resuelva sus problemas, mientras que hay otros que se vuelven a las drogas, al dinero o a la violencia para conseguir lo que quieren. Algunos insensibilizan su vacío, llenándolo con televisión, deportes, compras, o comida. Juan nos recuerda que hay un solo Rey, un solo verdadero Salvador, una sola esperanza para el mundo. Espere a Jesús. Nos podrá parecer que se retrasa su aparición, pero Él siempre llega en el momento preciso.

PROCLAME EL CAMINO

Tal vez leamos los relatos acerca de Juan el Bautista y lleguemos a una conclusión: "Ese Juan era único en su clase. ¡De veras que me alegra que Dios no espere de nosotros que seamos así!" No vaya tan rápido. No; Dios no nos ha dicho que usemos piel de camello, ni que comamos langostas y miel, pero sí nos ha llamado a usar algo que le puede parecer igualmente extraño a la gente de nuestra cultura. Nos ha dicho que nos revistamos de justicia, equidad, y misericordia. Nos revestimos de sinceridad e integridad, en vez de mentir y buscar atajos. Nos revestimos de fidelidad matrimonial, y no de impureza sexual. Nos revestimos de generosidad, y no de codicia. Nos revestimos de perdón y de misericordia, en vez de revestirnos de arrogancia, autocompasión y amargura. Cuando esta es nuestra manera de vestirnos, le parecemos tan extraños a la gente de nuestra cultura, como lo fue Juan a la gente de sus tiempo.

Las Escrituras no dicen mucho acerca del círculo de amigos de Juan, pero me imagino que no le era fácil cultivar amistades. No tenía habilidad para hablar de cosas superficiales. Ahora bien, los amigos que sí tenía lo estimaban y confiaban por completo en él. De igual manera, cuando nosotros nos revistamos de justicia, equidad y misericordia, no nos debemos sorprender de que sean muchas las personas que no nos comprendan; o peor, que se resistan a nuestro amor y nos condenen por nuestro intento de acercarlas a Jesús. Pero cuando vivamos en gracia y en verdad, hallaremos los mejores amigos que hayamos conocido jamás.

Las reacciones ante Juan el Bautista y ante Jesús no eran serenas. Ambos hombres eran línea divisoria, bifurcación en el camino de todas las personas con las que se encontraban. Desafiaban la pasividad y la dedicación egoísta a los afanes personales, y le ofrecían a la gente una vida llena de sentido y de riesgos. Por cada persona que les respondía de manera positiva, muchas más encontraban ofensivo su reto. Así también, unas cuantas personas se nos unirán para seguir a Dios con todo el corazón, pero muchas otras pensarán que hemos enloquecido. No importa. Lo mismo dijeron acerca de Juan y de Jesús.

Unas cuantas personas se nos unirán para seguir a Dios con todo el corazón, pero muchas otras pensarán que hemos enloquecido.

Cuando sigamos el ejemplo de Juan, encontraremos que nuestra meta de vida es proclamar a Jesús. No nos importará que la gente piense mejor de Él que de nosotros. De hecho, nos sentiremos encantados de ocupar el segundo lugar. Una parte de nuestro mensaje es que Jesús viene pronto. Juan fue el precursor de Jesús cuando vino por vez primera. Anunció su venida. Ahora nosotros somos los precursores de la Segunda Venida de Jesucristo. ¡Tenemos el indescriptible privilegio de anunciar a todos los que quieran escuchar, que Él regresará para establecer su reino!

Al igual que Juan, podemos ser la voz de Dios para nuestra familia y la comunidad. Cuando nuestro corazón se sature de la verdad de la Palabra de Dios, seremos como esponjas que al exprimirlas rebosaremos la verdad y la gracia que hemos absorbido.

Habrá otros momentos en que las voces que escuchemos no estarán llenas de gracia y de verdad. Hasta en lugares en los que esperamos que fluya el amor y la fortaleza de Dios, encontraremos mensajes negativos. A mí me sucedió en la iglesia después de que acepté a Cristo, y le puede suceder a cualquiera. Aunque las personas sonrían cuando entran por las puertas de la iglesia el domingo por la mañana, nosotros no sabemos la angustia y la ira que posiblemente sienten. No oímos esas palabras que matan el alma, y que fueron pronunciadas en el hogar… e incluso antes de entrar al lugar de reunión, antes de "dibujar" una sonrisa y unirse a los demás para adorar. Vivimos en un mundo lleno de mensajes poderosos y confusos, así que debemos ser sabios, objetivos, y observadores respecto a lo que oímos.

Zacarías, el padre de Juan, era un respetado líder espiritual. Era sacerdote y dirigía al pueblo en la adoración, además de enseñar las Escrituras en el templo. Él y su esposa Elisabet no tenían hijos. Un día, mientras cumplía con sus deberes sacerdotales, el ángel Gabriel se le apareció para decirle que sus oraciones habían sido contestadas: Dios les daría un hijo. Este hijo, que se debería llamar Juan, tendría un llamado especial. Sería el precursor del Mesías, que se había anunciado durante tanto tiempo.

Cualquiera pensaría que la aparición de uno de los dos ángeles principales del universo bastaría para convencer a una persona, pero no fue suficiente para Zacarías. Dudó de Gabriel y de su promesa. Para impedir que el anciano sacerdote envenenara a su familia con sus dudas y con palabras negativas, el ángel lo dejó mudo durante el tiempo que Elisabet estuvo encinta. Gabriel, el vocero de Dios, le estaba diciendo: "Zacarías, no me importa la posición que ocupes en el templo. Yo no puedo permitir que arruines los propósitos de Dios con tus temores y tus dudas. Me aseguraré de que con tu voz no detengas lo que Dios quiere hacer, así que no hablarás hasta que veas cumplida la promesa del nacimiento de Juan".

¡Cómo querrían algunos que Gabriel se apareciera en su hogar para dejar mudos a su esposo, a su esposa, a su hijo adolescente, a su niño o a sus padres durante nueve meses! Eso no es lo que nos interesa. El asunto es que los mensajes negativos, venenosos, y desalentadores pueden venir de cualquier parte. Muchas personas usan la crítica como si fuera un garrote, para darle buenas palizas a la gente, y usan el pesimismo para arrastrar a los demás, haciéndolos descender hasta el nivel de ellos. Es necesario que rechacemos estos mensajes, ¡en especial si proceden de nuestros propios labios!

Zacarías debe haber aprendido su lección, puesto que bajo su cuidado, Juan se convirtió en un poderoso hombre de Dios con un mensaje intensamente positivo: ¡Prepárense! ¡El Rey ya viene!

Nuestro mensaje acerca de Jesús es tan revolucionario como el que predicó Juan en la ribera del río. El mundo nos grita, diciéndonos que no podremos ser felices, a menos que compremos este producto o tengamos aquella experiencia. Nos promete que la belleza, las riquezas, los placeres y la popularidad nos llenarán el corazón y nos darán todo lo que hayamos deseado jamás. Todos los anuncios de las revistas, todos los comerciales de la televisión y todas las vallas publicitarias que hay junto a las carreteras nos gritan este mensaje, de manera explícita o implícita. Hasta cierto punto, todos están llenos de mentira. Prometen algo que no pueden dar.

Experimentar el amor de Dios es lo que nos consuela en nuestro sufrimiento, y le da a nuestra alma un temple de acero. Es lo que nos convertirá en héroes.

Si hacemos un marcado contraste con todo lo anterior, nuestro mensaje consiste en decir que nuestra única esperanza está en el sacrificio en el cual entregó su vida el Hijo de Dios. El Evangelio de la gracia nos humilla hasta el polvo, porque nos damos cuenta de que somos pecadores y estamos desesperadamente perdidos si no tenemos a Cristo, por mucha belleza, mucha riqueza, muchos placeres o mucha popularidad que tengamos. Sin embargo, el amor y la aceptación de la gracia de Dios no nos dejan abandonados en el polvo. Nos levantan hasta las estrellas con el corazón lleno y una nueva razón de vivir. Nuestro nombre está grabado en la palma de las manos de Dios (Isaías 49:16). Somos una raza escogida, una nación santa, un pueblo que le pertenece a Dios (1 Pedro 2:9–10). Y nuestro mensaje consiste en invitar a los demás para que experimenten por ellos mismos su bondad y su fortaleza, su gracia y su gloria, su amor y su poder. Solo entonces podremos amar a los que nos odian, gozarnos en la tribulación, dar con generosidad sin esperar nada a cambio y volcarnos en un sacrificado servicio a Dios y a nuestro prójimo. Este mensaje es categóricamente opuesto a los anuncios de las revistas, la televisión y las vallas publicitarias que vemos todos los días. Es necesario que notemos la diferencia. Experimentar el amor de Dios es lo que nos consuela en nuestro sufrimiento, y le da a nuestra alma un temple de acero. Es lo que nos convertirá en héroes.

En la primavera de 1940, la máquina de guerra alemana atravesó con gran fuerza y rapidez las defensas de Francia, Bélgica, Dinamarca, y Holanda, para conquistar gran parte de la Europa occidental. Lo sorprendente es que todo había terminado en unas pocas semanas, y Hitler recibió la rendición de Francia en París. Por años, los nazis habían perseguido a los judíos en Alemania y Austria. Ahora, los judíos de esos otros países estaban también en peligro. Algunos gentiles llenos de nobleza arriesgaron su vida para salvar a unos pocos de ellos. En Ámsterdam, el padre de Corrie ten Boom creía que los judíos eran el pueblo escogido de Dios, así que aceptó de buen grado esconder a una mujer judía que le pidió ayuda. Muy pronto se presentaron a su puerta otros judíos, pidiéndole que los escondiera de la Gestapo nazi.

La familia de Corrie, durante casi dos años, mantuvo escondidos en "el refugio secreto" a judíos que corrían peligro, hasta que un informante holandés le habló de ellos a los nazis. Toda la familia fue arrestada. El padre de Corrie murió unos pocos días más tarde. Pronto, Corrie y su hermana Betsie fueron enviadas al campo de concentración de Ravensbrück, donde sufrieron severas privaciones, pasaron frío y fueron sometidas a incontables humillaciones. Betsie murió unos pocos días antes de que, por un error de algún secretario, Corrie saliera libre. Antes de morir, Betsie le había dicho a su hermana: "No hay pozo tan profundo que [Dios] no sea más profundo aún".

Cuando fue libertada, Corrie quiso que Dios usara sus sufrimientos para su gloria. Escribió *El refugio secreto* y ayudó a establecer un centro de rehabilitación en Holanda. Con la misma combinación de humildad y tenacidad manifestada por Juan el Bautista, Corrie explicaba lo que la motivaba a vivir para Cristo:

> "¿Saben lo que duele tanto? El amor. El amor es la fuerza más grande del mundo, y cuando se lo bloquea, eso significa sufrimiento. Hay dos cosas que podemos hacer cuando esto sucede. Podemos matar ese amor para que deje de doler. Pero entonces, como es de suponer, muere también una parte de nosotros. O le podemos pedir a Dios que abra otro camino por el cual ese amor pueda viajar." [25]

Al igual que Corrie, Juan conocía "otro camino": el amor, la gracia, y el poder de Jesucristo.

QUÍTATE DEL MEDIO

La tarea encomendada a Juan tenía un marco de tiempo limitado. En la mayoría de las organizaciones, la gente tiene la esperanza de ir subiendo escalones en la corporación para alcanzar un puesto más importante y un sueldo mejor. En el reino, las cosas son diferentes. El papel de Juan era señalarle a la gente hacia Jesús, y después quitarse del camino. Había estado predicando que venía otro; alguien muchísimo más importante que él. Tuvo el gran privilegio y honor de bautizar a Jesús, poniendo así en marcha la misión más grande que el mundo haya conocido jamás.

En ese momento, a muchos de nosotros nos habría costado quitarnos del lugar de prominencia para dejar que otro ocupe el centro del escenario, pero Juan no dio indicio alguno de sentir celos o de lamentarse por lo sucedido. De hecho, había estado viviendo en espera de este intercambio. Cuando alguien le comunicó una queja de que Jesús estaba alcanzando más popularidad que él, le contestó:

> "No puede el hombre recibir nada, si no le fuere dado del cielo. Vosotros mismos me sois testigos de que dije: Yo no soy el Cristo, sino que soy enviado delante de él. El que tiene la esposa, es el esposo; mas el amigo del esposo, que está a su lado y le oye, se goza grandemente de la voz del esposo; así pues, este mi gozo está cumplido. Es necesario que él crezca, pero que yo mengüe" (Juan 3:27–30).

En vez de sentir celos, Juan sintió un gozo genuino, al ver que las multitudes se agolpaban alrededor de Jesús. A él no le importaba su prestigio, su posición, ni su papel. Lo único que le interesaba era cumplir con la tarea que Dios le había encomendado, que era la de anunciar la llegada del Rey.

> No se salga del camino. Hable de Jesús, de quién es Él, por qué murió y cómo ha transformado su vida.

Esa tarea es nuestra también. Nosotros tenemos el privilegio y el honor de hablarle a la gente acerca de Jesús, para decirle que Él es el Rey poderoso y el Siervo sufriente; el León y el Cordero; la esperanza del mundo. Nos es fácil salirnos de ese mensaje. Cuando le hablamos a nuestros familiares o a nuestros vecinos, muchas veces les hablamos de nuestra iglesia, de nuestro pastor, de lo estupenda que es nuestra música o del ministerio con los niños. Es maravilloso que valoremos esas cosas, ¡pero solo importan porque (y si) le señalan a la gente a Jesús! No se salga del camino. Hable de Jesús, de quién es Él, por qué murió y cómo ha transformado su vida. Recuérdele a las personas que Jesús es la esperanza de que su vida tenga sentido ahora, y de que disfruten de un futuro glorioso cuando Él vuelva para establecer su reino en la tierra.

Juan se veía a sí mismo como el mejor amigo del novio en el banquete de bodas del Cordero. El mejor amigo sabe que él no es el centro de la atención. Se siente emocionado de poder revelar algunos detalles de su amigo, el novio, y contar unas cuantas historias acerca de él, para que todos capten un poco el carácter y la personalidad del novio. En la cena del ensayo y en la recepción, el mejor amigo del novio se levanta y habla en voz alta y con gran afecto acerca de su amigo. Pero cuando termina sus discursos, sale del escenario. Los que realmente importan son el novio y la novia, y él se alegra de que así sea. Esta es la imagen que vemos cuando Juan hace su anuncio acerca de Jesús. Casi puedo ver la sonrisa en su rostro y oír la emoción en su voz, mientras grita para que todo el mundo lo oiga: "¡Miren: este es el Cordero de Dios que quita el pecado del mundo!"

Juan era el predicador más popular de sus tiempos. Habría podido tener su propio programa de televisión, y todas las revistas y periódicos importantes lo habrían entrevistado. Sin embargo, nada de esto le importaba a este humilde hombre. Se contentaba con ser el padrino del novio, y presentar a la gente al novio y a su novia, y después desaparecer por la puerta trasera.

TODOS NECESITAMOS ALGO QUE NOS AYUDE A RECORDAR

Unos dos años más tarde captamos otro vistazo más acerca de Juan. Él no había dejado de hablar a la gente de Jesús y de llamarlos al arrepentimiento. Pero esta vez le exigió a Herodes que se arrepintiera de su adulterio, y a Herodes no le cayó muy bien su mensaje. Lo puso en un calabozo, donde Juan tuvo mucho tiempo para pensar en su vida, el papel que había cumplido y su inminente ejecución. En aquellos días, los judíos estaban esperando que su Mesías llegara con poder militar para derrocar a los romanos y volver a establecer el Reinado Davídico. Pero Jesús había venido a la tierra en la condición de un humilde siervo, relatando parábolas y sanando gente, en vez de ponerse en la primera línea de un ejército de conquistadores. ¡Por eso había tantos que se sentían confundidos o desilusionados sobre Él! Hasta el mismo Juan comenzó a hacerse preguntas en medio de las tinieblas de su celda de la prisión. Por eso envió sus discípulos a Jesús para que le preguntaran: "¿Eres tú aquel que había de venir, o esperaremos a otro?" (Mateo 11:3).

Jesús no respondió molesto. No culpó a Juan por sus dudas. Sencillamente, le envió una respuesta que le devolviera la seguridad y aliviara su atribulada mente: "Id, y haced saber a Juan las cosas que oís y veis. Los ciegos ven, los cojos andan, los leprosos son limpiados, los sordos oyen, los muertos son resucitados, y a los pobres es anunciado el evangelio; y bienaventurado es el que no halle tropiezo en mí" (Mateo 11:4–6).

¿Cómo sabemos que Jesús no se enojó con Juan? Porque tan pronto como se marcharon los amigos de Juan para llevarle aquellas palabras que le devolverían la seguridad, se volvió a la multitud para decirle:

"Qué salisteis a ver al desierto? ¿Una caña sacudida por el viento? ¿O qué salisteis a ver? ¿A un hombre cubierto de vestiduras delicadas? He aquí, los que llevan vestiduras delicadas, en las casas de los reyes están. Pero ¿qué salisteis a ver? ¿A un profeta? Sí, os digo, y más que profeta. Porque éste es de quien está escrito:

> He aquí, yo envío mi mensajero delante de tu faz, el cual preparará tu camino delante de ti. De cierto os digo: Entre los que nacen de mujer no se ha levantado otro mayor que Juan el Bautista; pero el más pequeño en el reino de los cielos, mayor es que él" (Mateo 11:7–11).

"No se ha levantado otro mayor que Juan el Bautista." ¡Qué gran reafirmación procedente de los labios del Rey! Y sin embargo, algún día, aquellos de nosotros que entremos al nuevo cielo y la nueva tierra en el reino de Dios seremos mucho más puros, fuertes, bondadosos, fieles, y buenos.

No se equivoque: estamos en medio de una batalla. Jesús lo explicó así: "Desde los días de Juan el Bautista hasta ahora, el reino de los cielos sufre violencia, y los violentos lo arrebatan" (Mateo 11:12). El Rey y su pueblo no somos pasivos. Les estamos "arrebatando con violencia" las almas al pecado y a la muerte, transformando las familias en refugios de esperanza y convirtiendo las comunidades en testimonios de la grandeza y la bondad de Dios.

En los tiempos de Jesús, entre los "violentos" se encontraba Herodes, quien pronto haría poner la cabeza de Juan en una bandeja, y también se encontraban los líderes religiosos que se confabularon para asesinar a Jesús. La lucha que tenemos hoy es con frecuencia contra enemigos que vemos, y otros que no vemos. Esos enemigos tratan de destruirnos, y es posible que el gobierno promulgue leyes que hieran nuestra causa. Tras el escenario, hay poderes espirituales invisibles que siembran duda y desaliento. Contra esas fuerzas tenemos que luchar.

Unos pocos años más tarde, Pablo escribiría:

> "Vestíos de toda la armadura de Dios, para que podáis estar firmes contra las asechanzas del diablo. Porque no tenemos lucha contra sangre y carne, sino contra principados, contra potestades, contra los gobernadores de las tinieblas de este siglo, contra huestes espirituales de maldad en las regiones celestes. Por tanto, tomad toda la armadura de Dios, para que podáis resistir en el día malo, y habiendo acabado todo, estar firmes" (Efesios 6:11–13).

No basta con jugar a que estamos comprometidos con Cristo. No es suficiente que vayamos a la deriva, entrando y saliendo de la iglesia a nuestro antojo, con la esperanza de que algo se nos quede. La tarea de todo creyente consiste en ser como Juan: ponernos en la brecha para nuestra generación, de manera que seamos un puente entre lo viejo y lo nuevo. Tenemos que llamar a la gente al arrepentimiento, llevarla a apartarse del pecado y de las dudas para llegar a la fe en el Cordero de Dios. Son muchos los obstáculos y los enemigos a los que nos enfrentamos, de manera que necesitamos darnos ánimo unos a otros, para terminar bien. Cuando nos entren las dudas, y sucederá, debemos ir a Jesús en busca de una seguridad.

Jennie necesitaba más que una seguridad; tenía una urgente necesidad de que la ayudaran. De hecho, se había dado completamente por vencida respecto a la vida. Cuando era una niña, su familia era tan pobre, que rebuscaban con frecuencia en la basura para poder sobrevivir. Su niñez fue una pesadilla. Durante años, vio cómo sus padres se maltrataban con palabras y también con golpes. Los abusos, las tinieblas, y la tristeza eran casi insoportables. Le suplicó a Dios que cambiara a sus padres, pero todo lo que sucedió fue que el caos se volvió peor. A la tierna edad de once años, Jennie decidió que no era posible que existiera un Dios. Se reía de sus amigas, cuando ellas trataban de convencerla de que Dios no solo existía, sino que también la amaba. Jennie se convirtió en lo que ella misma llamaba "una atea furiosa".

Vivía para las diversiones, el sexo ilícito y la emoción de que los hombres la siguieran. Una amiga cristiana trató de hablarle de Dios, pero ella no la quiso escuchar. Se había vuelto adicta a las fiestas. Cuando llegó a los veintidós años, ya era madre de un niño de cuatro años de edad, y estaba nuevamente encinta. Había abandonado a su hijo, y había decidido que no había opción mejor que conseguir un aborto para acabar con aquel embarazo. Su jefe llegó incluso a darle seiscientos dólares para que pagara el aborto, porque estaba convencido que ella no servía para ser madre.

Jennie tomó el dinero, y fue llorando todo el camino hasta que llegó a la clínica. La señora que la ayudó con los papeles sacó la mano por debajo de la ventana de vidrio y le dijo: "Algo me dice que tú no quieres hacer esto. Te voy a programar para otra fecha, la semana que viene".

Al día siguiente, Jennie despertó pensando en el suicidio, y decidió que se ahorcaría en el baño. Mientras buscaba algo que le sirviera de soga, sonó el vibrador de su teléfono móvil. Ella trató de apagarlo, pero lo que hizo fue conectarlo. Era su amiga cristiana. A continuación, la misma Jennie nos explica lo que sucedió: "Yo le dije que no podía seguir viviendo así más tiempo, y colgué el teléfono. Al cabo de unos pocos minutos, se presentó en mi apartamento. Yo no le respondí cuando ella golpeó a la puerta. Rompió la puerta y me encontró llorando en el baño. Entonces me comenzó a hablar de Dios, así que le grité y le dije que se fuera. Le grité: '¡Tu dios no me puede ayudar a mí!' Ella me dijo: 'Por favor, acompáñame mañana a la iglesia. Si mi Dios no te ayuda, entonces te puedes suicidar'. Yo le respondí con voz de enojo: 'Voy a ir, pero cuando tu Dios no me ayude, voy a dejar una nota de suicidio para darle a saber al mundo que Dios no existe'."

Al día siguiente, Jennie visitó nuestra iglesia. Servimos ese día la Santa Cena, y mi esposa Elizabeth cantó acerca de la muerte de Jesús en la cruz. Jennie no entendió del todo el mensaje del canto, pero le llegó muy adentro. No pudo contener sus lágrimas y comenzó a sollozar. Quiso salir corriendo, pero escuchó una delicada voz que le dijo: "Bienvenida al hogar". Más tarde, Jennie me explicaba que cuando yo comencé a predicar, sintió que estaba refiriendo su historia. Todo lo que dije aquella mañana, era para ella. Cuando hice la invitación al altar, ella corrió al frente. Desde aquel día, nunca ha mirado atrás. Jesús cambió su vida.

Si usted la conociera hoy, nunca sabría lo furiosa y amargada que estuvo en ese tiempo. Es una de las personas más compasivas que conozco. Cuidó a sus dos hijos, se casó y se convirtió en líder dentro de nuestro esfuerzo misionero mundial. Le está dando a otras personas el amor que su amiga cristiana derramó sobre ella. Le está señalando a la gente como llegar al Cordero de Dios, el Salvador que la rescató de las tinieblas.

Nosotros tenemos el honor de ser parte del cortejo en la boda más grandiosa que el mundo jamás verá. Le señalamos a la gente hacia el novio hermoso y perfecto... hacia Aquel que lo dio todo por aquellos a quienes ama... hacia Jesús, el mayor de todos los que se han puesto en la brecha, esta vez por todos nosotros.

PIÉNSALO . . .

1. Se habría sentido usted atraído o repelido por Juan el Bautista? Explique su respuesta.

2. Si Juan llegara a su casa a tomarse un café con usted, ¿qué cree que le diría? ¿Cómo le respondería usted?

3. ¿Cómo preparó Dios a Juan y a sus padres para su crucial encomienda de anunciar al Mesías?

4. ¿Cómo definiría usted y describiría el verdadero arrepentimiento? ¿Cuáles son las excusas más comunes que usan las personas para evadir un cambio genuino?

5. ¿Cuáles son las voces negativas que hay en su mundo? ¿Cuáles son los mensajes negativos que salen de sus labios? Mire por debajo de la superficie. ¿Cuáles son los temores y las heridas que lo impulsan a dar esos mensajes?

6. ¿Por qué a veces es más fácil hablarle a las personas de la iglesia, que hablarles de Jesús?

7. El relato sobre las dudas de Juan, ¿lo incomoda o lo anima? Explique su respuesta

8. ¿Qué le está diciendo Dios a través de la historia de Juan el Bautista?

7 GEDEÓN

. . . fue sensible a la voz de Dios

"Y vino el ángel de Jehová, y se sentó debajo de la encina que está en Ofra, la cual era de Joás abiezerita; y su hijo Gedeón estaba sacudiendo el trigo en el lagar, para esconderlo de los madianitas. Y el ángel de Jehová se le apareció, y le dijo: Jehová está contigo, varón esforzado y valiente" (Jueces 6:11,12).

En su gracia, sabiduría y poder, Dios convierte a veces a los cobardes en héroes. Eso es lo que le sucedió a un personaje de la Biblia del que menos se esperaba que se pusiera en la brecha en tiempos de crisis. Se llamaba Gedeón.

Después de que el pueblo de Dios conquistó la Tierra Prometida y de la muerte de Josué, Dios envió una serie de líderes, a los cuales se les llamaba "jueces". A lo largo de todo este período vemos repetirse un claro ciclo histórico: el pueblo de Dios se alejaba de Él, sus enemigos lo oprimían, clamaba a Dios para que lo liberara, Dios enviaba un juez que los liberaba, la tierra goza de paz hasta que muere el juez... y comienza el ciclo de nuevo.

Después de cuarenta años de paz, el ciclo volvió a comenzar durante la vida de Gedeón. Los hijos de Israel "hicieron lo malo ante los ojos de Jehová" (Jueces 6:1), y esta vez fueron los madianitas los enemigos que los oprimieron. De hecho, los israelitas estaban tan asustados, que abandonaron sus poblados para ir a vivir en cuevas en las montañas. Su sociedad era agraria; vivían a base de cultivar cosechas y criar ganado. Pero cuando trataban de lograr una cosecha y cuidar de sus ovejas y su ganado vacuno, los madianitas venían "en grande multitud como langostas" (Jueces 6:5), destruían las cosechas y mataban todo el ganado. El pueblo de Dios había sido el conquistador, pero ahora vivía en medio del temor y la pobreza. Finalmente, clamaron al Señor para que los rescatara.

En medio de aquellas tinieblas espirituales, aquellos temores y apuros económicos, Dios envió a un profeta para hablar palabras de corrección:

> "Jehová envió a los hijos de Israel un varón profeta, el cual les dijo: Así ha dicho Jehová Dios de Israel: Yo os hice salir de Egipto, y os saqué de la casa de servidumbre. Os libré de mano de los egipcios, y de mano de todos los que os afligieron, a los cuales eché de delante de vosotros, y os di su tierra; y os dije: Yo soy Jehová vuestro Dios; no temáis a los dioses de los amorreos, en cuya tierra habitáis; pero no habéis obedecido a mi voz" (Jueces 6:8–10).

La gracia siempre comprende tanto malas noticias como buenas. La mala noticia es que somos pecadores y nos merecemos el justo juicio y la condenación de Dios. Cuando sentimos quebranto de corazón, porque nos damos cuenta de que nuestro pecado ha quebrantado el corazón de Dios, estamos listos para recibir las buenas nuevas del perdón y la restauración. El mensaje profético preparó el escenario para el milagro de liberación que realizaría Dios y, como siempre, ¡este llegó con un envoltorio muy extraño!

LÍDER A SU PESAR

Gedeón estaba sacudiendo trigo para su familia. El trigo se sacude en un espacio abierto, para que la brisa se lleve la paja y deje solo el trigo. Sin embargo, cuando el ángel del Señor encontró a Gedeón, éste estaba sacudiendo el trigo en el estrecho espacio de un lagar. ¿Por qué? Porque estaba escondiendo el trigo, y escondiéndose él mismo, de los fieros madianitas.

Me imagino a un personaje que siempre mira por encima del hombro para ver si alguien se acerca. Lanzaba el grano al aire y lo veía caer en tierra delante de él, porque no había brisa alguna en el estrecho lugar donde estaba el lagar. A aquel hombre el miedo lo había sacado de quicio. De repente, apareció un poderoso ángel que le anunció: "Jehová está contigo, varón esforzado y valiente" (Jueces 6:12).

Es probable que Gedeón pensara: *¡Hum, me parece que te equivocaste de persona! Como ves, en realidad yo no soy un poderoso guerrero, ni tengo la intención de llegar a serlo. ¡Tal vez no lo sepas, pero las cosas se han puesto muy difíciles por aquí con esos madianitas!* Gedeón quiso recibir algunas respuestas:

"Ah, señor mío, si Jehová está con nosotros, ¿por qué nos ha sobrevenido todo esto? ¿Y dónde están todas sus maravillas, que nuestros padres nos han contado, diciendo: ¿No nos sacó Jehová de Egipto? Y ahora Jehová nos ha desamparado, y nos ha entregado en mano de los madianitas" (Jueces 6:13).

El Señor no se molestó en debatir con Gedeón acerca del pasado, ni respondió a la acusación de que los había abandonado. Sencillamente, le dio unas instrucciones que estaban muy claras: "Ve con esta tu fuerza, y salvarás a Israel de la mano de los madianitas. ¿No te envío yo?" (Jueces 6:14)

Para Gedeón, la respuesta de Dios no tenía sentido. Aquellos a los que Él había usado en el pasado, eran grandes líderes como Abraham, Isaac, Jacob, Moisés y Josué. ¡A él lo acababa de atrapar escondido en un lagar! Por eso respondió: "Ah, señor mío, ¿con qué salvaré yo a Israel? He aquí que mi familia es pobre en Manasés, y yo el menor en la casa de mi padre" (Jueces 6:15).

Gedeón estaba seguro de que su argumento era suficiente para que Dios buscara a otro. Manasés era una de las dos medias tribus de José. Primera razón. Su clan era el más débil de toda la media tribu. Segunda razón. Y en su familia, Gedeón estaba al final de la lista. Tercera razón.

Pero Dios no aceptó el argumento de Gedeón. Le dijo: "Ciertamente yo estaré contigo, y derrotarás a los madianitas como a un solo hombre" (Jueces 6:16).

A veces, simplemente tenemos que pasar por alto lo que nos dice la gente. Si usted quiere ser un hombre o una mujer que se pone en la brecha, es necesario que cuide lo que se dice a sí mismo. Muchas veces, nosotros mismos somos nuestro peor enemigo. Podríamos sabotear con nuestros propios labios el llamado de Dios.

Si usted quiere ser un hombre o una mujer que se pone en la brecha, es necesario que cuide lo que se dice a sí mismo. Muchas veces, nosotros mismos somos nuestro peor enemigo.

Yo me puedo identificar con las preguntas y las vacilaciones de Gedeón. Cuando yo era niño, mis maestros no me veían como un estudiante estrella. De hecho, perdí el tercer grado y lo tuve que repetir, porque tenía un problema con la lectura. Mi padre nos había abandonado, y mi madre muchas veces tenía que trabajar en dos lugares para que pudiéramos subsistir. Con el fin de ayudarla, cuando tenía unos once años de edad, comencé a trabajar en una tienda de víveres después de las clases. Era un niño. No tenía sensación alguna de que mi vida le importara a alguien. Por supuesto, no entendía que Dios tuviera un plan mejor para mí. Quizá otros tenían planes grandiosos, pero yo no.

Vivíamos en una zona muy difícil de la ciudad. Los crímenes, las pandillas, las drogas y la pobreza nos hacían sentir que no le importábamos a nadie. Como Gedeón, yo tenía temor a lo conocido y a lo desconocido. Nunca vi madianitas en nuestro vecindario, pero sí veía miembros de pandillas y policías a diario. Estaban en una lucha constante por el poder. Pero lo desconocido me molestaba más aún que aquello que podía ver. Nos mudábamos con tanta frecuencia, que yo no sabía dónde dormiría cada noche. Muchas veces nos quedábamos con mis tíos y tías durante los períodos de tiempo en que mi madre no podía pagar el alquiler de un apartamento. Un día tras otro, no sabía si ella tendría suficiente dinero para pagar nuestro alimento, ni tampoco sabía si gozábamos de seguridad. Yo vivía con una constante sensación de temor. Si Humboldt Park hubieran tenido un lagar, yo habría estado escondido ahí.

El temor de Gedeón estaba mezclado con la vergüenza. Dios había obrado poderosamente en la vida de sus antepasados, pero él se sentía abandonado y vulnerable ante los ataques de sus enemigos. Se sentía impotente y sin esperanza. Se veía a sí mismo como "el último" de su familia. Yo me sentía igual. Mi madre le dedicaba gran parte de su atención a mis hermanos mayores, porque con frecuencia se metían en problemas. En numerosas ocasiones, ella tenía que ir a la escuela de ellos para reunirse con el director y los maestros... y también estaba la estación de policía, e incluso el hospital. Mi hermano era el líder de una pandilla. En una ocasión lo acuchillaron, y casi siempre estaba metido en líos. Mi madre se preocupaba constantemente por él. Yo no le quería causar más preocupaciones, así que era un niño callado. Éramos muchos en casa, pero yo me sentía completamente solo. La pobreza era nuestra condición de todos los días. Muchas veces que fui a la tienda a comprar leche, esperé hasta que no hubiera nadie en la fila, porque no quería que nadie supiera que estaba usando sellos para alimentos. Me sentía avergonzado de que nuestra familia fuera tan pobre.

Gedeón y yo habíamos llegado a la conclusión de que nuestra vida nunca cambiaría. Siempre nos sentiríamos inseguros, y sin razón de existir. Los madianitas eran numerosos, fuertes y violentos. En nuestro vecindario, las pandillas, la violencia y la pobreza creaban la misma clase de vergüenza e incertidumbre.

Las pandillas y la pobreza no son las únicas amenazas. Hay gente que es rica, pero su vida está tan vacía como lo estaba la de Gedeón. Los que pertenecen a la clase media o a la clase alta, sienten la presión de un futuro desconocido y el dolor que causan los sueños destruidos. Tal vez no tenga que preocuparse de dónde dormiré, o qué comerá, pero se pregunta si su vida tiene algún sentido. Cuando miran a su alrededor, ven a otros: hermanos, amigos y vecinos, que tienen más éxito, son más populares y viven más felices. En realidad, siempre hay alguien que es más rico, o es mejor parecido, o es más popular. Las comparaciones nos envenenan el corazón, así que nos sentimos como "los últimos", a pesar de todas las cosas que Dios ha hecho por nosotros.

Gedeón se veía a sí mismo como un don nadie, pero el ángel del Señor tenía otra opinión de él. Este ángel proclamó el *futuro* de Gedeón, no su pasado; su *potencial,* no sus limitaciones. Aquel hombre escondido en el lagar se podía convertir en un poderoso guerrero.

El ángel no le dijo a Gedeón que fuera con su sabiduría y su poder propios. Le dijo: "Ve con la fuerza que tienes". ¿Qué tenía? Estaba en pie, frente al poderoso ángel de Dios. ¡Tenía los ilimitados recursos del Dios Todopoderoso! Si Gedeón se hubiera centrado en su pasado o su presente en esos momentos, habría perdido la gran oportunidad de su vida. Pero se dio cuenta de que el ángel del Señor representaba todo el poder del cielo. Dios le estaba entregando una nueva perspectiva sobre sí mismo, su situación y la posibilidad de una liberación. Lo estaba llamando a un propósito superior a la simple supervivencia. Lo estaba llamando a desempeñar un papel en el rescate de su pueblo y darle un nuevo giro a la vida de ellos.

> Cuando Dios nos llama a ponernos en la brecha, no es solo para ayudarnos a llegar al final del día. Es para rescatar a alguien a quien Él ama.

Cuando Dios nos llama a ponernos en la brecha, no es solo para ayudarnos a llegar al final del día. Es para rescatar a alguien a quien Él ama. No nos ponemos en la brecha a favor de nosotros mismos, sino a favor de otros. No nos movemos con nuestras propias fuerzas. Damos pasos llenos de valor, porque confiamos en la sabiduría y el poder de Dios para ayudarnos a cumplir la obra que nos ha encomendado. Esos pasos siempre significan un riesgo. Nos ponemos en la brecha por un hijo o una hija, nuestro cónyuge o uno de nuestros padres, un vecindario o una nación. El llamado de Dios a defender su causa va dirigido a una necesidad real y a una situación desesperada, y muchas veces, no nos sentimos a la altura de ese desafío.

Aunque el ángel le habló con toda claridad, Gedeón aún no estaba convencido. Aquel mensaje de Dios no tenía sentido para él. Necesitaba más pruebas.

ENTONCES CONVÉNCEME

Como respuesta al ángel, Gedeón dijo: "Yo te ruego que si he hallado gracia delante de ti, me des señal de que tú has hablado conmigo" (Jueces 6:17). Hay quienes dan por seguro que el hecho de que Gedeón pidiera una señal era una muestra de una incredulidad pecaminosa. Yo no creo que fuera este el caso. Dios no es una máquina de vender cosas. No es cuestión de que tomemos o no lo que Él nos ofrece. Dios es un Padre, Rey, y Salvador amoroso. Conoce nuestras debilidades y nuestras dudas. Está plenamente consciente de que nosotros, al igual que nuestros propios hijos, necesitamos muchas veces un poco de ayuda para entender lo que nos dice.

Con frecuencia yo le pido señales a Dios. A veces siento su dirección, pero no estoy seguro de estar en lo cierto respecto a lo que creo que Él me está diciendo. Quiero que me dé a conocer su voluntad con claridad, así que le pido que me la aclare. Cuando tengo reuniones de importancia con líderes políticos, le pido que me indique lo que Él quiere que diga y haga. Cuando compramos la granja para atender y discipular mujeres que habían perdido toda esperanza, le pedí que me diera dinero en efectivo para pagarla, como señal de que aquella idea era suya. Si no tenía todo el dinero en efectivo, no seguiría adelante. Y Él nos proveyó exactamente lo que necesitábamos.

Cuando Jesús descendió del monte después de la experiencia de la Transfiguración, encontró a varios de sus discípulos empeñados en ayudar a un muchacho que estaba poseído por un demonio. El padre del muchacho estaba molesto. Había acudido a ellos en medio de su desesperada necesidad, pero ellos no habían podido sacar de su hijo aquel demonio. Jesús le pidió a aquel hombre que le hablara de la historia y la situación del muchacho. El padre le explicó:

> "Muchas veces le echa en el fuego y en el agua, para matarle; pero si puedes hacer algo, ten misericordia de nosotros, y ayúdanos.
>
> Jesús le dijo: Si puedes creer, al que cree todo le es posible.
>
> E inmediatamente el padre del muchacho clamó y dijo: Creo; ayuda mi incredulidad" (Marcos 9:22–24)

Jesús no se alejó del hombre porque le faltaba fe. No se burló de él ni lo reprendió. Lo que hizo fue responder a su petición de ayuda de la manera más convincente posible: echando fuera de su hijo el demonio.

Esta escena se parece a la conversación de Gedeón con el ángel del Señor. Gedeón le dijo: "Señor, yo creo, pero necesito alguna señal que me ayude con mi incredulidad". Y el Señor le dio tres señales.

En la primera, Gedeón trajo una ofrenda de carne y pan, y la puso sobre una roca. El ángel del Señor tocó la ofrenda con la punta de su báculo y un fuego consumió aquellos alimentos. Le estaba respondiendo a Gedeón su primera pregunta: "¿Por qué ha permitido Dios que ataquen a Israel? ¿Dónde había estado Él? En la primera señal, Dios le dijo: "¡Estoy aquí!"

Gedeón no pidió una segunda señal, pero Dios se la dio. Su padre estaba adorando a Baal, y no al único Dios verdadero, y había levantado una imagen de Asera, símbolo de la fertilidad, junto al altar de Baal. El Señor le indicó a Gedeón que le edificara un nuevo altar, cortara la imagen de Asera y usara su madera para una fogata donde le sacrificaría un toro.

Gedeón se debe haber asombrado ante la primera señal, pero esta traía consigo un verdadero riesgo. La primera había tenido lugar en privado; esta sería un mensaje para su padre, su familia y la comunidad que adoraba a Baal. Gedeón tuvo miedo, así que esperó a que anocheciera para cortar la imagen, edificar el altar y sacrificar el toro.

¡El temor de Gedeón estaba justificado! Los hombres del poblado se enfurecieron, y quisieron derramar su sangre. ¡Estaban listos para ejecutarlo allí mismo! Por sorprendente que parezca, Gedeón encontró el aliado que menos se esperaba: su padre. Este le dijo a aquellos airados vecinos que de ser una afrenta, Baal debió defenderse a sí mismo.

Tal vez Gedeón se haya preguntado por qué una señal de Dios llevaba consigo una amenaza de muerte, pero eso no era lo importante. La primera señal con el fuego sobre la roca iba dirigida a las dudas que tenía él, y con la segunda señal, Dios estaba estableciendo su fama como líder valiente. Se había escondido por tanto tiempo, que necesitaba hacer algo drástico; algo que captara inmediatamente la atención de la gente. Más tarde, cuando él llamara a otros para que le siguieran, haría falta que supieran que era un hombre digno de su lealtad. El hecho de que Gedeón hubiera estado dispuesto a alzarse contra un dios falso, desafiando a su padre y a sus amigos, era suficiente para convencerlos. Ahora, él estaba listo para guiarlos, y ellos estaban listos para seguirlo.

Por fin Gedeón se convenció de que Dios lo había llamado a rescatar a su pueblo de manos de los madianitas. En aquel momento, se unieron varios ejércitos en un valle con el propósito de atacar a Israel. Esta vez, no corrió a esconderse, Gedeón se convirtió en el guerrero de Dios: "Entonces el Espíritu de Jehová vino sobre Gedeón, y cuando éste tocó el cuerno, los abiezeritas se reunieron con él. Y envió mensajeros por todo Manasés, y ellos también se juntaron con él; asimismo envió mensajeros a Aser, a Zabulón y a Neftalí, los cuales salieron a encontrarles" (Jueces 6:34–35).

Mientras las tropas se reunían para la batalla, Gedeón le pidió al Dios una tercera señal. Tal vez nos riamos de que le haya pedido a Dios esas seguridades una y otra vez, pero en mi opinión, esto muestra su fidelidad. Quería estar seguro de que no se estaba imaginando las señales, ni inventándolas él mismo. Necesitaba saber que era Dios el que estaba obrando. ¿Acaso nosotros somos diferentes a él?

Esta vez, Gedeón le pidió a Dios una señal en dos partes: que dejara seco un vellón una mañana, mientras que el suelo alrededor de él estuviera húmedo, y a la mañana siguiente, que el vellón estuviera húmedo cuando no hubo rocío (Jueces 6:36–40). Dios le dio a Gedeón las señales que le pidió. Ahora estaba listo para guiar a su ejército a la batalla. ¿O lo estaba realmente?

¡NO TAN RÁPIDO!

Gedeón había reunido un ejército de treinta y dos mil agricultores y pastores para pelear contra las fuerzas unidas de los ejércitos más poderosos que había en aquel rincón del mundo. Era un gran reto, pero él estaba preparado para llevarlos a la batalla. Justamente cuando iba a comenzar la batalla, Dios le habló y le dijo algo que le causó asombro: "El pueblo que está contigo es mucho para que yo entregue a los madianitas en su mano, no sea que se alabe Israel contra mí, diciendo: Mi mano me ha salvado. Ahora, pues, haz pregonar en oídos del pueblo, diciendo: Quien tema y se estremezca, madrugue y devuélvase desde el monte de Galaad" (Jueces 7:2,3).

¡Demasiados hombres! ¡El otro ejército tenía un contingente ampliamente superior, y Dios le estaba diciendo a Gedeón que anunciara que todos los que tuvieran miedo podían volver a casa! Inmediatamente, veintidós mil hombres regresaron a su hogar. En un instante, Gedeón perdió más de dos tercios de su ejército.

Pero Dios no había acabado todavía. A continuación, le dijo que llevara a sus hombres al río para que bebieran agua. Los que se arrodillaran para beberla, debían volver su casa, pero aquellos que "lamieran como los perros" se quedarían en su ejército. Me puedo imaginar la conmoción que sufrió Gedeón mientras los observaba. Solo trescientos hombres lamieron el agua. ¡Su ejército había menguado de treinta y dos mil hombres a trescientos!

El Señor le aclaró que aquello no era un error: "Con estos trescientos hombres que lamieron el agua os salvaré, y entregaré a los madianitas en tus manos; y váyase toda la demás gente cada

Dios puso a prueba a Gedeón reduciendo sus fuerzas. Esta prueba de Dios lo despojó de toda confianza en sí mismo, de manera que le quedó solo un recurso: Dios mismo.

uno a su lugar" (Jueces 7:7). Gedeón había puesto a prueba a Dios al pedirle señales, y ahora Dios puso a prueba a Gedeón reduciendo sus fuerzas. Esta prueba de Dios lo despojó de toda confianza en sí mismo, de manera que le quedó solo un recurso: Dios mismo.

UNAS ÓRDENES EXTRAÑAS

Los ejércitos enemigos, que tal vez tendrían ciento treinta y cinco mil hombres, disponían de espadas, lanzas, y armaduras. Dios le dijo a Gedeón que armara a su pequeño grupo de hombres con trompetas y cántaros con teas ardiendo dentro de ellos. Las instrucciones que le dio Dios para su ejército parecían fuera de lo corriente por completo, pero eran claras. Ya para entonces, aquellos hombres deben haber confiado realmente en Gedeón, porque posiblemente estas hayan sido las instrucciones más extrañas que jamás se le ha dado a ejército alguno.

En otro acto de gracia y paciencia, Dios le dijo a Gedeón que si él estaba temeroso por la batalla que se avecinaba, se infiltraran él y su siervo en el campamento enemigo para escuchar a los centinelas. Lo que oirían, les daría valor.

Gedeón no era de los que se pierden una confirmación adicional, así que él y su siervo bajaron de noche al campamento enemigo, se pusieron a escuchar y oyeron que un centinela le hablaba a su amigo acerca de un sueño en el cual una inmensa hogaza de pan había aplastado el campamento madianita. El segundo soldado le respondió: "Esto no es otra cosa sino la espada de Gedeón hijo de Joás, varón de Israel. Dios ha entregado en sus manos a los madianitas con todo el campamento" (Jueces 7:14).

¡Con eso fue suficiente! Gedeón no solo aceptó el sueño que había escuchado cono una interesante coincidencia, sino que lo consideró como otra señal que le daba un Dios paciente y poderoso. En el momento del mayor reto en la vida de Gedeón, Dios se manifestó nuevamente con su presencia, su poder, y sus propósitos. Gedeón necesitaba preparar a sus hombres para la batalla que se acercaba, pero se detuvo para adorar al Señor antes de dar un paso más.

Cuando regresó a su campamento, anunció que Dios les daría una gran victoria. (No estoy seguro de que les contara lo de la hogaza de pan.) Dividió sus fuerzas en tres compañías y le dio a cada hombre una trompeta y un cántaro vacío con una tea encendida dentro.

> "Y les dijo: Miradme a mí, y haced como hago yo; he aquí que cuando yo llegue al extremo del campamento, haréis vosotros como hago yo. Yo tocaré la trompeta, y todos los que estarán conmigo; y vosotros tocaréis entonces las trompetas alrededor de todo el campamento, y diréis: ¡Por Jehová y por Gedeón!" (Jueces 7:17,18).

Entonces, Gedeón llevó a sus hombres en medio de la oscuridad hasta el campamento enemigo. En los ejércitos de aquellos días, lo típico era que si había un soldado que tocaba una trompeta, eso indicara la presencia de unos mil hombres más. ¡Cuando repentinamente los trescientos hombres de Gedeón tocaron su trompeta y rompieron los cántaros para que se viera la luz de las teas encendidas, los ejércitos enemigos pensaron que estaban rodeados por trescientos mil hombres! En medio del pánico y la confusión, los madianitas y sus aliados se atacaron entre sí. Los sobrevivientes huyeron para salvar la vida. Cuando la victoria quedó asegurada, Gedeón envió emisarios al resto de Israel para que se uniera a la persecución. Al final, fue una de las victorias militares más grandes, y más inverosímiles que el mundo haya conocido jamás, bajo el mando de un guerrero de la historia.

Cuando terminó todo, fue Dios quien recibió la gloria por aquella victoria. Gedeón no pudo reclamar para sí mérito alguno; le había llevado bastante tiempo dejarse convencer de que Dios era quien había trazado aquel plan. Los soldados tampoco pudieron atribuirse mérito alguno, porque el método que usaron en la batalla no tuvo nada de convencional. Tenía que haber sido Dios. Cuando el ángel del Señor se le apareció a Gedeón por vez primera en el lagar, Gedeón lo escuchó. Y siguió escuchando mientras el Señor paso a paso le muestre que Él era real, y sus instrucciones eran de fiar. Tal vez pensemos que Gedeón no debió pedir señales a Dios; sin embargo, yo creo que lo contrario: Gedeón fue sensible a Dios, y respondió a su voz para ponerse en la brecha por su pueblo y contra un enemigo feroz. Dios lo desafió a confiar en Él, y se sintió complacido de su fe y su valentía.

OÍDOS QUE ESCUCHARON

La respuesta de Gedeón a Dios nos enseña muchas lecciones importantes para el día de hoy. De su historia aprendemos lo importante que es (1) descubrir el punto de vista de Dios respecto a nuestra identidad; (2) hacer preguntas y pedir señales a Dios; (3) darnos cuenta de que Dios muchas veces saca de nuestra vida algunas cosas, para que confiemos más plenamente en Él; y (4) comprender que aunque alguna instrucción nos parezca descabellada podrían ser precisamente el plan que Él tiene para nosotros.

El poder que tiene nuestra conversación interior

El sentido de identidad que tengamos puede ser terriblemente limitador o maravillosamente inspirador. Gedeón se había considerado como un fracasado; "el menor" de su clan y de su familia. Nuestra conversación interior, en especial después de que hemos tenido un fracaso o alguien nos ha rechazado, dice mucho respecto a lo que realmente creemos de Dios y de nosotros mismos. Si nosotros mismos nos presentamos con nombres terribles, esto es señal de que hemos internalizado nuestra experiencia negativa. No es que hayamos fracasado una vez; *es que somos unos fracasados*. No es que nos hayan rechazado una vez;

El sentido de identidad que tengamos puede ser terriblemente limitador o maravillosamente inspirador.

es que todo el mundo nos rechaza. Aquella dolorosa experiencia se ha convertido en nuestra identidad. No obstante, los fracasos no tienen por qué definir a la persona.

Son muchas las personas que tenemos a nuestro alrededor, incluso en la iglesia, que han llegado a una conclusión: "Dios está por ahí, en algún lugar, pero en realidad yo no le importo". Tanto si somos ricos como si somos pobres, esta conclusión hace que se sientan como víctimas. Creen que Dios (o la vida) los ha decepcionado. Tenían grandes esperanzas, pero consideran que todas ellas se han convertido en fracasos. De hecho, disfrutan cuando sienten lástima de sí mismos. Se complacen en esa autocompasión, en el resentimiento contra aquellos que les han hecho daño, y también contra los que han superado sus circunstancias para hacer algo bueno con su vida. Se dicen a sí mismos:

"Todos están en mi contra."

"Yo nunca hago nada bien."

"No tengo futuro."

"Fracaso en todo lo que intento."

"Las cosas nunca van a mejorar."

"No hay nada que hacer. Lo mejor es que me rinda."

"No en balde mi padre me abandonó."

"Dios debe estar en contra mía."

La comparación es el combustible que alimenta esa mentalidad de víctima. Cuando alguien mira a su alrededor y se queja de que hay otro que tiene una esposa mejor, unos hijos más agradables, un trabajo más realizador, un auto más nuevo o una casa más grande, se siente fracasado. ¿Quiere saber lo que yo pienso? ¿A quién le importa lo que tengan los demás? Esa manera de pensar no lleva a nada bueno. De hecho, ese punto de vista negativo es hermano de la codicia, porque nunca se siente satisfecho, y primo de la envidia, porque nunca celebra el éxito de otra persona. Deberíamos alegrarnos cuando alguien recibe un aumento de sueldo, o consigue un auto mejor, y deberíamos celebrar el que le hayan dado un ascenso a alguien, o haya ganado un premio. No deberíamos perder el tiempo y las energías con quejas y comparaciones.

Quien se ve a sí mismo como víctima, generalmente vive centrado en su propia persona. Solo puede pensar en sus propios pesares, en su propia comodidad, y en sus propios deseos. No se ve como líder. Al contrario, exige que otros le presten atención. Es una persona triste, y su negatividad entristece a los demás. Es un esclavo, encadenado a sus heridas y fracasos del pasado. Si persiste en esta manera de hablar, llegará a un punto en que no podrá imaginar que algún día pueda ser libre de esas cadenas.

Nuestra manera de pensar de nosotros mismos moldea nuestras palabras y nuestras acciones. Gedeón se escondió en el lagar, porque se creía un fracasado, y pensaba que no había ningún rayo de esperanza en sus circunstancias. Cuando se comenzó a ver desde el punto de vista de Dios, sus palabras y sus acciones cambiaron. Cuando nosotros comencemos a vernos desde la perspectiva de Dios, también cambiaremos. Comenzaremos a participar en el mayor movimiento que este mundo ha conocido: el de ver que seres humanos que estaban perdidos experimentan el amor de Dios, y observan cómo se propaga su reino aquí en la tierra.

El que tengamos nuestra identidad en Cristo no es algo que sucede de una vez y para siempre. Los mensajes negativos procedentes de nuestra familia, nuestra cultura y nuestra propia mente no dejarán de acosarnos, de manera que necesitamos reforzar continuamente nuestra nueva identidad con verdades tomadas de la Palabra de Dios, conversaciones con amigos que aman a Cristo, y claros sermones que nos digan quiénes somos en realidad. Es una batalla, y una que perderemos si no luchamos como se debe. La Biblia nos dice repetidamente que pensemos, que tengamos en cuenta, y que recordemos la gracia de Dios. ¡Necesitamos recordarla, porque nos es muy fácil olvidarla! Necesitamos encontrar personas que se encuentren uno o dos pasos por delante de nosotros en el camino que es vivir conforme a una nueva identidad. Debemos llamarlos, salir con ellos, hacerles preguntas, escucharlos y seguir su ejemplo de una fe tenaz, sobre todo cuando sentimos deseos de echar todo por la borda.

Hay personas que se sienten tan bien viviendo como víctimas, que se niegan a abandonar esa condición, incluso después de haber descubierto la libertad y el poder de Dios. Se sienten cómodas en su negatividad, tal vez porque es todo lo que han conocido en su vida, o tal vez porque es la única manera que tienen de captar la atención de los demás. Cualquiera que sea la razón, su percepción negativa es una prisión. A veces, Dios lleva a esas personas a un punto de quebrantamiento, para hacerles ver lo mucho que lo necesitan a Él. Si están dispuestas, Él las transforma, las llena, las restaura, y les da una razón de vivir. Entonces las víctimas se convierten en vencedores. Yo he visto muchas veces transformaciones dramáticas en la vida de hombres y mujeres que se sentían indefensos y sin esperanza. He presenciado los asombrosos cambios que tienen lugar cuando la gracia derrite el corazón de una persona, y le da una razón de existir mucho mayor que ella misma. Es algo hermoso.

Nunca olvide esto: el fracaso no es una identidad que defina a una persona; solo es un acontecimiento.

La interacción con Dios

Cuanto mejor sintonizados estamos con la voz de Dios, tanto más nos damos cuenta de que nuestras preguntas no son una dificultad para Él, ni tampoco nuestro anhelo de recibir señales, por eso no es necesario que hagamos o pidamos cosas absurdas. No necesitamos una señal para saber cómo nos tenemos que levantar por la mañana, o para leer nuestra Biblia, o para servir a Dios. Pero cuando sentimos que Dios nos está diciendo que hagamos algo que excede nuestra capacidad normal, como en el caso de Gedeón, que se convirtió en un poderoso guerrero, es totalmente acertado que le pidamos señales que lo confirmen. En todas nuestras relaciones

Cuando sentimos que Dios nos está diciendo que hagamos algo que excede nuestra capacidad normal, como en el caso de Gedeón, que se convirtió en un poderoso guerrero, es totalmente acertado que le pidamos señales que lo confirmen.

importantes, esperamos que se produzca un intercambio sincero, y valoramos el proceso de comunicación y comprensión. ¿Acaso deberíamos esperar algo distinto de nuestra relación con Dios? No lo creo. Dios no se molestó porque Job le hiciera preguntas una y otra vez sobre las razones de tantos sufrimientos y pérdidas.

Cuando Lot vivía en Sodoma, Dios le dijo a Abraham que destruiría esa ciudad. Abraham le preguntó a Dios si estaría dispuesto a no destruirla si encontraba cincuenta justos allí. Dios estuvo de acuerdo. Abraham siguió rebajando la cantidad de justos hasta llegar a diez, y en cada caso, Dios aceptó que no destruiría la ciudad. Este intercambio me indica que Dios es increíblemente bondadoso con aquellos que están dispuestos a mantener una interacción con Él; con personas como usted y como yo. Dios nos invita a razonar con Él, y a interactuar con Él, como si se tratara de un hijo que le habla a un padre sabio y amoroso.

Seamos sinceros: a veces le hacemos una y otra pregunta a nuestro cónyuge, a nuestros padres, a un amigo, o incluso a Dios, cuando en realidad no buscamos una respuesta. La motivación subyacente que tenemos es la que marca la diferencia. Los primeros capítulos de Lucas recogen las visitas del ángel Gabriel a Zacarías y después a María, y ambos le preguntaron algo muy parecido: "¿Cómo será esto?" Sin embargo, vemos que Zacarías fue reprendido por su incredulidad, mientras que María fue recompensada por su fe. Por tanto, sea sincero respecto a lo que motiva su pregunta.

El sentimiento de vulnerabilidad

Muchas personas creen que cuando Dios las llama a hacer algo, de inmediato contarán con todos los recursos. Es posible que esto suceda, pero lo que experimentó Gedeón fue precisamente lo contrario. Dios lo fue privando de todos sus recursos, hasta que él y su ejército quedaron completamente dependientes de Él. Con frecuencia vemos este principio en la Biblia. José tuvo dos sueños según los cuales él salvaría a su familia, pero tuvo que sufrir traición, esclavitud, y algunos años de prisión antes de que llegara su momento. Saúl le ofreció a David su armadura para que enfrentara a Goliat, pero David solo llevó consigo su honda y cinco piedritas. Jesús le predicó a miles de personas e hizo milagros, pero en el Aposento Alto solo hubo ciento veinte personas fieles cuando el Espíritu descendió el día de Pentecostés. El gran apóstol Pablo tenía visión, sabiduría y celo, pero Dios le dio "un aguijón en su carne" para hacerlo más humilde y dependiente.

Cuando Dios lo llame a hacer algo para Él, no se sorprenda si desaparecen algunos recursos con los que usted contaba. Es posible que experimente nuevas tensiones en sus finanzas, su salud, o su profesión. Eso no significa que usted ha pecado, o que Dios lo ha abandonado. Posiblemente signifique que Dios quiere hacer con usted algo más maravilloso de lo que usted puede imaginar. Si se queja y se aparta, lo más seguro es que no vea el milagro. Pero si confía en Dios, cuando se agoten los recursos, con mucha seguridad verá que Él obra de una manera que lo glorifica sobre cualquier circunstancia.

Es importante que nos demos cuenta de que Dios no le quitó a Gedeón sus recursos hasta que le confirmó su llamado. Solo después de que Gedeón se convenció con las señales, y convocó a su ejército para que se le uniera, fue cuando redujo ese ejército de treinta y dos mil hombres a trescientos. Cuando aquello sucedió, ya Gedeón estaba completamente decidido. No dudó de Dios cuando sus instrucciones parecieron una insensatez.

La gente se sintió maravillada, no porque Gedeón fuera un gran líder, sino porque Gedeón tenía un Dios asombroso.

Gedeón se sintió desafiado cuando Dios le ordeno que enviara de vuelta a su casa a la mayoría de los soldados antes de la batalla, pero la verdadera lección era para el pueblo de Dios. Cuando aquel pequeño grupo de trescientos hombres derrotó a los ejércitos que se habían unido contra Israel, todo el mundo supo que el Dios todopoderoso los había librado. Entonces no hubo confusión alguna en cuanto a quién merecía la gloria. ¿Se imagina las conversaciones que hubo alrededor de la mesa de la cena y en la plaza del mercado cuando aquellos trecientos hombres volvieron a su casa y contaron su historia? La gente se sintió maravillada, no porque Gedeón fuera un gran líder, sino porque Gedeón tenía un Dios asombroso.

De igual manera, cuando somos despojados de nuestros recursos, no significa que Dios nos ha abandonado. Él nos está dando la oportunidad de verlo obrar maravillas en nuestra familia, nuestro lugar de trabajo, nuestra iglesia, y nuestra comunidad, y cuando todo esto suceda será a Él a quien glorifiquemos.

Instrucciones "disparatadas"

Dios obra por lo general a través de rutinas normales, pero de vez en cuando rompe el molde. Entonces es posible que sus instrucciones nos exijan hacer algo completamente fuera de lo ordinario. Solo porque nos parezcan un poco disparatadas, no significa que sean consecuencia de la gran pizza que nos comimos a altas horas de la noche.

Es frecuente que cometamos el error de encasillar a Dios dentro de los límites de la cultura estadounidense, dando por sentado que resolverá todo con rapidez. Yo suelo decir que no estamos en el Burger King, y por eso no siempre las cosas nos salen "a nuestra manera". Dios *no cabe* dentro de límites algunos. A veces, sus planes son completamente distintos a lo que hemos imaginado.

Las misiones que Dios nos encomienda siempre están conectadas a un conjunto de instrucciones. Cuando Josué guió al pueblo de Dios, y lo sacó del desierto para que entrara en la Tierra Prometida, ellos ya estaban preparados para la pelea. Uno de los primeros lugares donde se detuvieron fue la ciudad fortificada de Jericó. En vez de darles órdenes para que tomaran posiciones de ataque, Dios les dijo que marcharan alrededor de la ciudad durante siete días, y que el séptimo día dieran siete vueltas. Después de haber marchado por el desierto cuarenta años, tal vez pensaron que el plan era absurdo. Sin embargo, obedecieron aquellas insólitas instrucciones de Dios, y el séptimo día, cuando tocaron las trompetas, las murallas se derrumbaron milagrosamente (Josué 6).

Cuando unas veinte mil personas, cinco mil hombres con su familia, siguieron a Jesús, pero no tenían qué comer, los discípulos sabían que ellos no tenían dinero suficiente para ir a la tienda de víveres más cercaba y comprar alimento para todos. Jesús les instruyó que dijeran a la gente que se sentara en grupos de cincuenta. Entonces, usando solamente el almuerzo de un muchacho, los alimentó a todos... ¡y sobraron doce canastas! (Mateo 14:13–21; Juan 6:1–13). ¿Puede imaginar lo que habrán pensando los discípulos cuando Jesús tomó el almuerzo de aquel muchacho y dio gracias a Dios por los alimentos? ¿Acaso ya se habían dado cuenta que los recursos limitados no limitan a Jesús? ¿Nos hemos dado cuenta nosotros de esa realidad?

Aquello que se nos encomienda viene conectado a un conjunto de instrucciones. Pero el milagro resultante también está conectado a un conjunto de instrucciones. La gente se queja de que la hierba es más verde del otro lado de la cerca. La realidad es que la hierba es más verde donde se la riega y se le echa fertilizante. Dios nos da las indicaciones, a veces unas indicaciones que carecen de sentido para nosotros, y nosotros sencillamente debemos obedecerlas.

AFINEMOS EL OÍDO

La mejor parte de la historia de Gedeón es que nadie está fuera del alcance de la voz, el amor, y los propósitos de Dios. Gedeón era una persona marginada, incluso en su propia familia. Cuando se escondió en el lagar, aparentemente no tenía talentos, ni recursos, ni rasgos notables de carácter. No había escuchado antes la voz de Dios. Las únicas voces que había oído, eran la de su incrédulo padre y su temerosa cultura. Pero cuando Dios le habló, él decidió escucharlo y responderle. Lo admiro, porque se presentó para que Dios le hablara. Eso es fe.

Cuando le pedimos señales a Dios, se trata de algo entre Él y nosotros. Tal vez le pidamos consejos y sugerencias a un pariente o a un amigo nuestro, pero esa no es la clase de señal de la que estoy hablando. En nuestro corazón, necesitamos estar lo suficientemente callados para escuchar a Dios.

Hace años se me acercaron algunos líderes de las iglesias para preguntarme si nuestra congregación estaba dispuesta a servir de anfitriona en una conferencia de jóvenes de toda la ciudad. En aquellos momentos estábamos inundados de proyectos, así que les dije que no podíamos hacerlo. Pocas semanas más tarde, fui a una conferencia de varones donde me habían pedido que hablara. Aquella noche solo había otro conferencista más. Yo llegué temprano al auditorio y me senté al fondo. Mientras estaba allí, escuché una voz que me decía: "Choco, deberías hacer la conferencia de jóvenes". Examiné en mi mente todas las razones que tenía para no aceptarla, pero aquella voz fue persistente. Después de un rato, oré y dije: "Padre, si quieres que nuestra iglesia sea la anfitriona de esa reunión, dile al otro conferencista que hablará esta noche que me dé una palabra tuya". Yo no conocía a aquel hombre, así que me sentí seguro de que era una señal que nunca se produciría.

Yo era el segundo conferencista, así que me quedé sentado al fondo, mientras hablaba el primer conferencista. En medio de su charla, se detuvo y se volvió hacia el director de la reunión. Entonces le preguntó: "¿Quién es ese hombre que está sentado allá al fondo?"

El director le dijo: "Ese es el Pastor Choco, de New Life, en Chicago. Él es quien hablará después de usted".

El conferencista me miró y me dijo: "Pastor Choco, póngase de pie. Tengo una palabra para usted".

Yo quería correr y esconderme, pero me puse de pie mientras todo el mundo movía la cabeza para verme. Entonces él me dijo: "Dios quiere que usted haga lo que Él lo ha llamado a hacer". Eso fue todo lo que me dijo. Yo me senté, y él volvió de inmediato a su mensaje.

Bueno, respecto a esto, ya no podía discutir con Dios. Mis excusas y mis razones se habían agotado. Yo le había pedido a Dios una señal, y Él me la había dado. Pero la historia no termina aquí.

Como preparación para aquel acontecimiento, invité a cien pastores jóvenes de toda la ciudad para que vinieran a nuestra iglesia a hacer planes y a orar. Compré suficientes emparedados y refrescos para todos ellos. Poco antes del mediodía, ya estábamos listos para que ellos llegaran. Nadie llegó. Ni uno solo. No me enojé. No puse en tela de juicio el llamado de Dios para que celebráramos aquella reunión en nuestra iglesia, porque Él ya me lo había hecho ver con toda claridad. Me limité a tomar un emparedado (escogí mi favorito) y almorcé yo solo.

A la semana siguiente, fijé otra reunión. Llegaron unos pocos. Planificamos otra, y otra, hasta que tuvimos una participación suficiente como para marcar una diferencia. Millares de jóvenes llegaron a la conferencia y fueron bendecidos. La voz de Dios había sido inconfundible todo el tiempo, pero me había despojado de los recursos normales, así que tuve que confiar en Él más que nunca.

La capacidad para ser sensible a la voz de Dios no es exclusividad del supercristiano. Dios siempre tiene la intención de conectarse con cada uno de nosotros en una relación real. En su memorable oración, Jesús dijo: "Y esta es la vida eterna: que te conozcan a ti, el único Dios verdadero, y a Jesucristo, a quien has enviado" (Juan 17:3). Pablo dijo: "Y ciertamente, aun estimo todas las cosas como pérdida por la excelencia del conocimiento de Cristo Jesús, mi Señor, por amor del cual lo he perdido todo, y lo tengo por basura, para ganar a Cristo [...] a fin de conocerle, y el poder de su resurrección, y la participación de sus padecimientos, llegando a ser semejante a él en su muerte" (Filipenses 3:8,10).

La capacidad para ser sensible a la voz de Dios no es exclusividad del supercristiano. Dios siempre tiene la intención de conectarse con cada uno de nosotros en una relación real.

Yo nunca he escuchado la voz de Dios de manera audible, pero sí lo he oído hablar. Cuando llevábamos unos seis años casados, a Elizabeth y a mí no nos iba demasiado bien. Estábamos luchando, y yo solo podía pensar en que había llegado el momento de divorciarnos. Para mí, era fácil pensar de esa manera, porque eso era todo lo que yo había conocido. Con la excepción de dos de mis tías, todos los matrimonios en la familia de mi madre habían terminado en divorcio. ¡Tal vez usted crea que esto no es demasiado malo, pero tenga en cuenta que mi madre pertenecía a una familia donde había diecinueve hermanos y hermanas!

Todo cambió para mí el día que fui a una conferencia de los Guardadores de Promesas con un grupo de hombres de nuestra iglesia. Yo pensaba que daríamos un viaje, nos alejaríamos de todo y andaríamos juntos disfrutado de la compañía. ¿Verdad que suena bien? Pero Dios tenía un plan mucho más interesante para mí. El estadio era inmenso; había setenta mil hombres en un mismo lugar, adorando, llorando y escuchando a Dios. Yo nunca había visto nada semejante. ¡Me sentía muy entusiasmado!

No sé cómo sucedió, pero me encontré sentado en el mismo frente. Estaba junto a la gran plataforma. Escuché a un orador magnífico, cuyo nombre no recuerdo. Estoy seguro de que era un líder cristiano famoso, pero aquel día no oí a nadie, solo a Dios, que me decía: "¿Amas a tu hermano?" Entonces repitió: "¿Amas a tu hermano afroamericano? ¿Amas a tu hermano hispano?"

Yo respondí: "¡Sí, lo amo!"

Entonces Él me dijo: "¿Pero se lo has dicho?"

De repente me di cuenta de que yo nunca le decía a la gente que la amaba. Comencé a llorar, y no podía dejar de llorar. Me senté en el suelo, enfrente mismo de la plataforma, pidiéndole perdón a Dios. Me daba cuenta de que no sabía amar, y necesitaba su ayuda. Aquel lugar estaba lleno del poder y la presencia de Dios. Entonces el orador nos pidió que nos moviéramos para animarnos mutuamente. Todos nos abrazamos y lloramos.

Mientras estaba abrazando a alguien, sentí el susurro de Dios, que me decía: "Elizabeth es tu esposa. Ámala".

En aquel momento me di cuenta de que no la había amado de la manera en que Jesús me amaba a mí. Él murió por mí. ¿Y qué estaba dispuesto yo a hacer por ella, divorciarme a la primera señal de dificultad? Se me destrozó el corazón. Todo lo que quería hacer, era volver a mi hogar. Elizabeth les puede decir que al principio de nuestra vida como matrimonio, yo hablaba muy poco. Gracias a Dios, he cambiado, pero en aquel entonces, era un bloque de hielo. Me fui a mi hogar, y enseguida le dije a Elizabeth: "Tenemos que hablar".

Ella me miró y me dijo con su serenidad de costumbre: "Está bien".

Yo hablé, y hablé, y hablé. Le pedí que me perdonara. Le conté la experiencia que había tenido en la conferencia y le dije que había sentido la presencia de Dios como nunca antes. Ella me escuchó. Aunque hizo falta tiempo para que se resolviéramos todas las heridas y todos los malentendidos que se habían acumulado, aquel día fue el comienzo de todo.

Nunca olvidaré la manera en que Dios me habló, con tanta fuerza y tanto amor a la vez. ¡Me es imposible llegar a comprender su amor! Yo no me merecía una segunda oportunidad. Y nuestro matrimonio tampoco merecía una segunda oportunidad, pero de todas formas, Él nos la dio. Sentí que tenía el deber de amar a mi esposa. Lo tenía que hacer, porque el amor de Dios había sido muy real para mí. También sentí que tenía el deber de amar a mis hermanos y hermanas. Ya no tenía otra alternativa.

Pablo explica de que manera el amor de Dios se fortalece en nosotros, y fluye de nuestro ser:

> "Porque el amor de Cristo nos constriñe, pensando esto: que si uno murió por todos, luego todos murieron; y por todos murió, para que los que viven, ya no vivan para sí, sino para aquel que murió y resucitó por ellos" (2 Corintios 5:14,15).

A veces, la mejor manera de ponerse en la brecha es amar... amar *de verdad*. No ese sentimiento de "no puedo vivir sin ti" un día, y al siguiente "¡me largo de aquí!". Son muchos los hombres y las mujeres que necesitan la fe y la valentía de Gedeón en su matrimonio y su familia. Gedeón necesitó ser fuerte para los demás, porque dependían de su liderazgo, su integridad y su fidelidad. Ellos estaban buscando a alguien que los guiara; que les mostrara por dónde ir, pero Gedeón necesitaba saber primero que Dios estaba a su favor. Una vez que supo que Dios estaba con él, no hubo quien lo pudiera detener. Se lanzó al campo de batalla, confió en Dios y transformó vidas.

Me pregunto qué habría sucedido si yo hubiera renunciado a mi matrimonio cuando los tiempos eran difíciles. ¿Dónde estaría yo, y dónde estarían Elizabeth y los niños hoy? El mes de junio pasado, Elizabeth y yo celebramos veinticinco años de matrimonio. Las lecciones que aprendí hace mucho tiempo, cuando Dios me habló en aquella conferencia de varones, han sido una fuente constante de esperanza y de orientación. Sinceramente, no sé qué me haría sin mi esposa... y ella tampoco puede vivir sin mí. (Creo haberla oído decir esto en alguna ocasión.) Aquel día, escuché la voz de Dios. Lo escuché y le respondí. No fue fácil, pero Él restauró algo maravilloso que se había roto.

Si usted sintoniza sus oídos para escuchar la voz de Dios, puede estar seguro de que Él le dará palabras de corrección y de ánimo. Le dará instrucciones de cómo puede aprovechar su poder y su amor para superar las circunstancias difíciles. Lo hará sentirse seguro de su presencia y de su poder, y experimentará una profunda paz que viene de Él. Lo maravillará y lo bendecirá. Un Padre amoroso siempre bendice la obediencia de sus hijos.

No deje que las heridas y los temores del pasado sean los que dicten su presente y su futuro. Escuche la voz de Dios. Sea fuerte y valiente

Dios todavía nos habla. ¿Lo escucha, poderoso guerrero?

PIÉNSALO . . .

1. ¿ En cuáles aspectos se asemejan la cultura y la situación de Israel en tiempos de Gedeón y la cultura nuestra de hoy, y en cuáles aspectos son diferentes?

2. ¿En qué clase de conversación interna se concentran las personas cuando sienten que son "los relegados" de su familia y su comunidad? ¿Qué nombres se dan a sí mismos? ¿Cuál es el origen de esos mensajes?

3. ¿Cómo definiría y describiría usted la *mentalidad de víctima*? ¿Por qué le parece tan atractiva y tan poderosa a alguna gente? ¿Cómo se puede destruir?

4. Antes de leer este capítulo, ¿le parece a usted correcto o incorrecto el que los seres humanos pidamos señales a Dios? ¿Y ahora, qué piensa?

5. Por qué es importante que hablemos con Dios y le hagamos preguntas, como un hijo que se siente amado conversa con su padre o a su madre? ¿Es así como usted se relaciona con Dios? ¿Por qué sí, o por qué no?

6. ¿Cómo responde usted cuando no tiene suficientes recursos? ¿Se siente ansioso, o cree que es una oportunidad para ver la extraordinaria obra de Dios? Explique su respuesta.

7. Cómo puede usted aumentar su sensibilidad con respecto a la voz de Dios?

8. ¿Qué le dice Dios a través de la historia de Gedeón?

8 DÉBORA

. . . se ganó una reputación de sabiduría y fortaleza

"Gobernaba en aquel tiempo a Israel una mujer, Débora, profetisa, mujer de Lapidot; y acostumbraba sentarse bajo la palmera de Débora, entre Ramá y Bet-el, en el monte de Efraín; y los hijos de Israel subían a ella a juicio. Y ella envió a llamar a Barac hijo de Abinoam, de Cedes de Neftalí, y le dijo: ¿No te ha mandado Jehová Dios de Israel, diciendo: Ve, junta a tu gente en el monte de Tabor, y toma contigo diez mil hombres de la tribu de Neftalí y de la tribu de Zabulón?" (Jueces 4:4–6).

Gedeón fue uno de los varios líderes que llamó Dios para que liberaran a su pueblo durante la época de los jueces. Como vimos en el capítulo anterior, su victoria sobre los madianitas fue una clara evidencia del poder y el perdón divinos. Pero después de otro período de desobediencia por parte de Israel durante esa época, el pueblo de Dios de nuevo se vio en problemas a causa de sus pecados. Dios los entregó en manos de Jabín, rey de Canaán, y de Sísara, el despiadado capitán de su ejército. Durante veinte años, Jabín y sus hombres habían "oprimido con crueldad" al pueblo de Dios. Disponían de las fuerzas más formidables de la región, y sus tropas de infantería eran apoyadas por novecientos carros herrados.

DIOS ENVIÓ A UNA MUJER

Esta vez, cuando el pueblo clamó al Señor para pedirle que lo librara, Él envió a una mujer llamada Débora. Esta gobernó a Israel como profetisa y juez, papeles únicos para una mujer en aquel tiempo y en aquella cultura. Débora fue la única mujer que fungió como juez durante el período que transcurrió entre la conquista de la Tierra Prometida bajo Josué, y el establecimiento del reino bajo Saúl, David, y Salomón. Aunque las personas, las familias y la cultura entera se habían debilitado por la corrupción y se habían contaminado con la idolatría, Débora les proporcionó un poderoso liderazgo.

Debe haber sido una mujer excepcional. Primeramente, conquistó el respeto del pueblo de Dios por su sabiduría y madurez, hasta que llegó el momento en que todo Israel acudía a ella para ventilar sus disputas y escuchar sus juicios. En ella se combinaban los rasgos de la compasión, la justicia, y la fortaleza. La gente confiaba que ella resolvería sus problemas, porque sabía que su comprensión de las situaciones dependía de Dios, y que se interesaba en ellos. Cuando la nación necesitó un líder que enfrentara a sus opresores cananeos, Débora se convirtió en símbolo de fortaleza y estabilidad.

Cuando la nación necesitó un líder que enfrentara a sus opresores cananeos, Débora se convirtió en símbolo de fortaleza y estabilidad.

Aunque el relato sobre Débora es más bien breve, podemos aprender mucho si observamos los detalles de este relato bíblico.

Con frecuencia, los nombres que se mencionan en la Biblia tienen un significado importante. El nombre de Débora significa abeja. La abeja es un insecto industrioso, y se considera como una de las criaturas más inteligentes dentro del reino animal. Se sabe que posee una complicada forma de comunicación y un increíble sistema de orientación. Y además, tiene un aguijón; ¡será pequeña, pero sus picadas se hacen sentir!

Los nombres de los lugares que aparecen en la historia de Débora también sirven para indicar la encomienda que Dios le había hecho. Celebraba sus juicios bajo una palmera, símbolo de su relación con Dios, o tal vez, de lo rectos que eran los juicios que se producían en aquel lugar. El salmista observa: "El justo florecerá como la palmera" (Salmo 92:12).

Aquella palmera estaba situada entre Ramá y Bet-el, en el monte de Efraín (Jueces 4:5). El nombre de Ramá se refiere a un "lugar alto" usado en la adoración de los ídolos; el de Bet-el significa "casa de Dios", y Efraín significa "fertilidad". La combinación de estas importantes palabras sugieren que Dios había llamado a Débora para que juzgara a Israel desde el lugar o la posición de justicia, para ponerse en la brecha y hablar contra la idolatría, y para hacer que los hijos de Dios volvieran a su casa. La consecuencia sería una abundancia de fruto, en vez del fruto de la destrucción. La labor de Débora estaba clara: proclamar la Palabra de Dios y dirigir al pueblo a su presencia.

Débora guió a su pueblo con claridad y conforme a propósitos bien definidos, porque comprendía el papel que le correspondía. No solo es conocida como jueza y profetisa, sino también "como madre en Israel" (Jueces 5:7). En este papel, ella fue fuente de nutrición y consuelo en tiempos de caos e inestabilidad. Era una torre de fortaleza bajo aquella palmera. Le proporcionaba al pueblo de Dios un lugar donde podía encontrar descanso, seguridad, y visión espiritual.

Me imagino aquella palmera como el lugar donde se reunía toda la gente para conversar los asuntos de importancia. Era el lugar donde todo el mundo quería estar; donde los habitantes del lugar y los de otros lugares se reunían para hallar respuestas a sus difíciles interrogantes. Era un lugar de reunión donde Débora servía al pueblo en asuntos de familia y donde se expresaban las preocupaciones de tipo social. La palmera es símbolo de justicia y de paz, de abundancia y fertilidad, de majestad y victoria militar. Y aunque el pueblo tal vez no haya sentido que estaba viviendo tiempos de justicia o de paz, aquel lugar le servía como poderoso memorial de las promesas que Dios le había hecho. Siglos más tarde, cuando Jesús iba entrando a Jerusalén, el pueblo sintió tanta esperanza en el corazón, que tomó ramas de palmera y salió a su encuentro gritando "¡Hosanna!" (Juan 12:12,13).

La palmera de Débora me recuerda al Café New Life, de nuestra iglesia. Como pastor, tengo una buena oficina, porque la gente aportó una buena cantidad de ideas y de esfuerzo para decorarla y amoblarla. Sin embargo, tiendo a pasar mucho tiempo en el café, y allí tengo la mayor parte de mis reuniones. El café había sido en el pasado una tienda de licores y un popular punto de reunión de los pandilleros. Era lo que nosotros llamábamos una esquina caliente. Era frecuente ahí los tiroteos desde vehículos en marcha. Nuestra iglesia estaba en la misma cuadra, pero todo el mundo evitaba aquella esquina. De hecho, yo nunca le permití a mis hijos cuando eran más pequeños que pasaran cerca de allí, ni siquiera a plena luz del día. Sencillamente, era demasiado peligroso.

Años más tarde, nuestra iglesia compró el lugar, lo limpió, y abrió el café. Cuando me siento allí y me reúno con personas, líderes políticos, administradores de hospital o funcionarios seculares, a veces me siento como Débora bajo la palmera, administrando la justicia y la sabiduría de Dios. Me reúno con matrimonios que se quieren divorciar, con hijos que se quieren rebelar, y con políticos que luchan por servir a la comunidad. Enseñó a adultos jóvenes y me reúno con pastores jóvenes. Oigo sus historias, escucho sus sueños y le pido a Dios que me dé la sabiduría que necesito para decirles lo que es recto. Mi lugar preferido es cerca del frente y junto a una ventana, para ver a la gente que va pasando por la acera. Quiero que sepan que estoy aquí, en su comunidad. Tengo la esperanza de que mi presencia les dé la misma clase de consuelo y de sabiduría que le daba Débora a su pueblo.

En momentos muy difíciles en la vida del pueblo de Dios, Débora siempre estuvo presente. Cuando se produjo un momento crítico, una emergencia nacional, ella estuvo lista. Su corazón estaba en sintonía con la voz de Dios. Entonces mandó llamar a Barac, el capitán de su ejército, y le dijo:

> "¿No te ha mandado Jehová Dios de Israel, diciendo: Ve, junta a tu gente en el monte de Tabor, y toma contigo

> diez mil hombres de la tribu de Neftalí y de la tribu de Zabulón; y yo atraeré hacia ti al arroyo de Cisón a Sísara, capitán del ejército de Jabín, con sus carros y su ejército, y lo entregaré en tus manos?" (Jueces 4:6,7).

El nombre de Barac significa "relámpago". Sin embargo este dudó al escuchar las órdenes de Dios. Lo que le dijo a Débora fue: "Si tú fueres conmigo, yo iré; pero si no fueres conmigo, no iré" (Jueces 4:8). En otras palabras, "¡No pienso ir yo solo contra un inmenso ejército que cuenta con novecientos carros herrados!"

Débora reaccionó con serenidad y seguridad. No estalló en ira, ni usó aquel momento para imponer su poder. Se limitó a decirle: "Muy bien, de acuerdo. Voy a ir contigo, pero cuando obre Dios, tú no te llevarás la honra de la victoria. El pueblo sabrá que el gran capitán Sísara fue derrotado por una mujer". (¡Y ni siquiera estaba hablando de ella misma! Véase Jueces 4:17–21.)

Tal vez usted piense que Barac era un hombre débil, pero no es esa la conclusión correcta. El enemigo lo superaba en todos los sentidos, y solo contaba con un infeliz ejército de diez mil hombres mal equipados, contra unas fuerzas mucho mayores que disponían de carros herrados (el equivalente de lo que hoy son los tanques de guerra M1 Abrams del ejército). El hecho de que estuviera dispuesto a aceptar el cargo de capitán manifestaba ya una notable valentía. Por supuesto, tenía sus dudas, pero era mucho más valiente de lo que tal vez nosotros habríamos sido en la misma situación. De hecho, se le incluye en Hebreos 11 entre los héroes que se distinguieron por su gran fe y su valentía (vv. 32–34).

En vez de humillar a Barac, y tacharlo de cobarde, yo aplaudo su sabiduría al pedir a Débora que se le uniera para liderar al ejército. El pueblo confiaba en ella, y su presencia les daría la seguridad de que el Señor les concedería una notable victoria. También yo sospecho que Barac tenía mucha más confianza en la capacidad de Débora para escuchar la voz de Dios, que en la suya propia. La presencia de ella era motivo de aliento para sus hombres y para él.

Los soldados conocían la buena fama de Débora. Se daban cuenta de que Dios estaba con ella. Verla al frente del ejército les inspiraba la seguridad de que Dios haría algo increíble para rescatar a su nación. En todas las organizaciones: familias, iglesias, compañías, y naciones, las personas son inspiradas a la valentía y la fortaleza por la nobleza de sus líderes. Débora era una mujer que valía la pena seguir al entrar en batalla.

En todas las organizaciones: familias, iglesias, compañías, y naciones, las personas son inspiradas a la valentía y la fortaleza por la nobleza de sus líderes.

Débora le ordenó a Barac que atacara aquellas fuerzas superiores a las suyas: "Levántate, porque este es el día en que Jehová ha entregado a Sísara en tus manos. ¿No ha salido Jehová delante de ti?" (Jueces 4:14) Cuando Barac dirigió la carga desde el monte Tabor, Dios envió una lluvia torrencial. ¡Las ruedas de los carros enemigos se hundieron en el lodo, y el ejército de Barac destruyó a las fuerzas de Sísara! (Jueces 5:19–21).

Aquella victoria militar fue tan definitiva y tan inesperada (desde el punto de vista humano), que no hubo duda alguna de quién tenía el poder. Débora y Barac sabían que la gloria era del Señor. No hubo disputa respecto a eso. No se esforzaron para que sus fotos salieran en la primera página del periódico. En una hermosa descripción de unidad y humildad, los dos dirigieron a los demás en un cántico para celebrar la victoria.

Después de la batalla de Gedeón, trescientos testigos oculares regresaron a sus comunidades para hablar a los demás de las grandes cosas que había hecho el Señor. En cambio, después de que Débora y Barac fueron a la batalla con su ejército, fueron diez mil los evangelistas que regresaron a su hogar para celebrar el poder y la gloria de Dios. Hasta es posible que algunos de ellos volvieran a casa montando carros herrados, el botín de la guerra. Cuando Dios da, da en abundancia.

Después de aquella batalla, Dios le dio a Israel un tiempo de paz que duró cuarenta años.

EL PAPEL DE LA MUJER

¿De dónde sacó Débora su autoridad para guiar a los demás? La Biblia no nos da más explicación, sencillamente nos dice que ella "acostumbraba sentarse bajo la palmera de Débora [...] y los hijos de Israel subían a ella a juicio" (Jueces 4:5). En un momento crucial, encontramos a Débora en el lugar que se le había encomendado, y vemos que el pueblo acude a ella en busca de ayuda.

Las diversas denominaciones tienen distintas interpretaciones de las Escrituras, pero en esta era de la igualdad, parece extraño que se me critique con tanta frecuencia por creer que Dios usa a las mujeres en posiciones de liderazgo dentro de la iglesia. En las Escrituras y en la historia de la Iglesia, las mujeres han mantenido en alto un grandioso legado espiritual. Sin embargo, con frecuencia es en la iglesia donde se ponen en tela de juicio y se reprimen los dones de las mujeres.

Dios creó el universo con orden y jerarquía. Cuando creó a Adán reconoció que "no es bueno que el hombre esté solo" (Génesis 2:18). Entonces creó a Eva, tomando una costilla de Adán; no un hueso de su cabeza ni tampoco de un pie suyo, sino de su costado, para que fuera su compañera y su ayuda.

El Génesis dice: "Y creó Dios al hombre a su imagen, a imagen de Dios lo creó; varón y hembra los creó" (Génesis 1:27). Tanto el hombre como la mujer reflejan la imagen de Dios: ternura y fortaleza, valentía y precaución, compasión y valentía. Estas características no las encontramos divididas y en marcado contraste en el hombre y en la mujer, sin embargo los sociólogos, los psicólogos y la gente observadora de todas las épocas ha notado que hay una diferencia.

Uno de los datos más destacados de los evangelios es que las primeras personas que vieron a Cristo resucitado fueron "María Magdalena y la otra María" (Mateo 28:1). En las culturas patriarcales tanto de los judíos como de los romanos, a las mujeres ni siquiera se les permitía dar testimonio ante un tribunal. Por consiguiente, el hecho de que fueran mujeres las primeras personas que dieron testimonio de la resurrección de Cristo, es una poderosa evidencia de que este relato no es fantasioso. N. T.

Wright, erudito en Nuevo Testamento, comenta sobre el papel de las mujeres, y en particular, el de María Magdalena:

> "Ellos nunca jamás; nunca, habrían inventado la idea de que había sido una mujer, y una mujer con una historia de inestabilidad emocional, aunque lo principal era el hecho de ser mujer, la persona a quien se le confió el trascendental mensaje de que Jesús había vuelto a la vida... Es María; no Pedro, ni Juan, ni Jacobo el hermano del Señor, sino María Magdalena, quien se convierte en apóstol de los apóstoles, en la testigo principal del cristianismo, la primera evangelista cristiana. Esto es algo tan sorprendente, tan embarazoso para muchos de los primeros cristianos... que no pudo ser accidental. No pudo ser accidental para Juan ni para los demás escritores. Y yo me atrevo a decir que no pudo ser accidental dentro de los propósitos de Dios."[26]

Entre los propósitos de Dios está el de honrar a una mujer como "apóstol de los apóstoles", lo cual asombraba a la gente del siglo primero. Si comprendemos lo significativo que fue esto, todavía nos asombra a nosotros hoy.

En el evangelio de Jesús, la primera persona que se convirtió en evangelista fue la mujer que tuvo el encuentro con Jesús junto al pozo de Sicar. Su posición como mujer era una limitación importante en aquella cultura, pero ésta en particular habría sido rechazada por otras razones. Desde el punto de vista étnico, era samaritana; formaba parte de un pueblo despreciado por los judíos. Desde el punto de vista moral, había tenido cinco maridos y estaba viviendo con un hombre que no era su marido. Entre las personas relegadas, estaba en las categorías más inferiores. Durante su conversación con Jesús, los doce discípulos estaban más preocupados del almuerzo, que de esa salvación. No podían entender por qué a Jesús había postergado todo solo para hablar con una mujer... ¡sobre todo *aquella* mujer!

Sin embargo, cuando ella experimentó el purificador efecto del agua viva de Jesús, nadie la tuvo que orientar sobre la manera de testificar de su fe, ni le tuvieron que hablar acerca de su motivación para hacerlo. Juan describe su entusiasmo: "Entonces la mujer dejó su cántaro, y fue a la ciudad, y dijo a los hombres: Venid, ved a un hombre que me ha dicho todo cuanto he hecho. ¿No será éste el Cristo? [...] Y muchos de los samaritanos de aquella ciudad creyeron en él por la palabra de la mujer, que daba testimonio" (Juan 4:28,29,39).

En las narraciones de la Biblia encontramos otros momentos en que se destaca la importancia de la mujer. Entre los seguidores más cercanos de Jesús había mujeres, y ellas eran las que contribuían económicamente a su ministerio (Lucas 8:1–3). El evangelista Felipe tenía cuatro hijas que profetizaban (Hechos 21:8,9).

El Espíritu Santo, el autor divino de las Escrituras, se asegura de que veamos el papel poco usual y prominente de la mujer en la historia de la redención. La de Débora solo es una entre muchas historias, pero ella fue la primera de las mujeres talentosas y piadosas que ocuparon lugares de liderazgo en tiempos

Dios todavía usa como líderes de la iglesia a mujeres sabias y dignas de confianza. Necesitamos el fervor, la valentía, y la compasión de mujeres como ella.

de calamidad y sufrimiento. Dios la usó para que ejerciera un liderazgo sabio y confiable, en un tiempo de opresión para el pueblo, y Dios todavía usa como líderes de la iglesia a mujeres sabias y dignas de confianza. Necesitamos el fervor, la valentía, y la compasión de mujeres como ella.

El debate acerca del liderazgo de la mujer es complejo, y muchas veces emocional, pero las mujeres son llamadas a esta responsabilidad de la misma manera que Dios llama a los hombres. Es de destacar que Dios escogiera a Débora, a María Magdalena, a la mujer del pozo, a Priscila, a las hijas de Felipe, y a otras mujeres para ocupar lugares de prominencia en una cultura restrictiva que normalmente habría limitado la influencia que pudieran ejercer. Dios aparentemente tenía para las mujeres planes más amplios que aquellos que la sociedad de ese tiempo consideraba adecuados para ellas.

Otro factor en la determinación del papel de la mujer es el hecho de que muchos hombres no han sabido o no han querido ponerse en la brecha y aceptar el liderazgo. Cuando los hombres no se entregan a la tarea, crean un vacío. Las mujeres sienten la necesidad y, movidas por la compasión, tratan de satisfacerla. Las madres solteras tienen que estar todos los días al frente de su hogar, porque un esposo y un padre está ausente, cualquiera que sea la razón. Sencillamente, las mujeres están haciendo lo que es necesario, porque en muchos casos un hombre ha renunciado a su responsabilidad. Este factor explica por qué algunas mujeres están en el liderazgo, pero aun en los casos en que los hombres cumplen de manera adecuada su papel, las mujeres todavía ocupan un lugar en la mesa del liderazgo.

Cuando Pablo escribió para corregir los pensamientos errados acerca de la teología y las relaciones que había en las iglesias de la Galacia, hizo un asombroso comentario: "Todos sois hijos de Dios por la fe en Cristo Jesús; porque todos los que habéis sido bautizados en Cristo, de Cristo estáis revestidos. Ya no hay judío ni griego; no hay esclavo ni libre; no hay varón ni mujer; porque todos vosotros sois uno en Cristo Jesús. Y si vosotros sois de Cristo, ciertamente linaje de Abraham sois, y herederos según la promesa" (Gálatas 3:26–29).

En el mundo del siglo primero, solo los hijos varones recibían una herencia, y el hijo mayor recibía una parte mucho mayor que los demás. Pablo invirtió esa idea cuando dijo: "Todos sois hijos de Dios por la fe en Cristo Jesús (tanto los hombres como las mujeres de la iglesia)". En otras palabras, las mujeres tienen exactamente los mismos derechos y privilegios que tienen los varones en los planes de Dios. Pablo insiste de nuevo en esta idea al mencionar a los que eran clásicamente aceptados y los que no lo eran en aquella cultura: judíos y griegos, libres y esclavos, hombres y mujeres, e hizo la asombrosa proclamación de que todos eran "uno en Cristo Jesús".

Aunque podamos debatir las influencias bíblicas y culturales que le dan forma a nuestra posición respecto al papel de la mujer, en la historia de Débora es innegable que Dios la escogió para que fuera la líder de su pueblo durante unos tiempos turbulentos en la historia de la nación. Si ella se puso en la brecha, fue porque Dios la llamó a guiar a su pueblo con sabiduría, justicia y fortaleza.

Permítame decir varias cosas dirigidas a las mujeres y a los hombres.

Para las mujeres:

- Débora ganó su posición de liderazgo porque escuchó a Dios, confío en su sabiduría, y sirvió con fidelidad a los que acudían a ella. No recurrió a la manipulación. No vio a los demás como personas molestas, aunque por supuesto, tuvo que escuchar muchas riñas en sus desacuerdos. Con el paso de los años la dedicación y el amor con que ayudó a las personas, conquistó la admiración del pueblo de Dios.

- Débora comenzó a guiar a su pueblo cuando Dios la llamó. Cuando un hombre vaciló, ella intervino para inspirarle seguridad y acompañarlo a la batalla. Siga su ejemplo.

Para los hombres:

- La historia de Débora muestra que la mujer tiene un llamado de Dios dentro de su gran plan de la redención del mundo del pecado y de la muerte. No hay indicación alguna de que ella fuera la segunda persona que Dios escogió cuando el ejército cananeo amenazó a su pueblo. Los hombres debemos honrar a las mujeres y darles su lugar para que sirvan al Señor, a su iglesia, y a la comunidad.

Debemos honrar a las mujeres y darles su lugar para que sirvan al Señor, a su iglesia, y a la comunidad.

- No deje un vacío en el liderazgo de su familia ni de su iglesia. No compita con las mujeres en el servicio a Dios, pero tampoco descuide la responsabilidad que le corresponde. Sea hombre. Asuma su papel en el juego.
- No critique a Barac por haber dependido del apoyo de Débora en un momento de crisis. Piense que él fue el "relámpago", un guerrero noble y valiente; un hombre que estuvo dispuesto a guiar al ejército de Dios a entrar en batalla con un enemigo cuya fuerza era superior. Aun así, fue bendecido por la seguridad que le dio una líder que era ampliamente respetada por su comunión con Dios: él necesitó a Débora. Los dos formaron un excelente equipo. Su cántico de alabanza que aparece en Jueces 5 es una hermosa escena en la que vemos que ambos glorifican a Dios.
- Celebre a las mujeres que cumplen su liderazgo con gracia y fortaleza. Hónrelas, elógielas, y apóyelas con todos los recursos de los que disponga, para ayudarlas a triunfar. Si las ve como colaboradoras en los grandiosos propósitos de Dios, se ayudarán mutuamente, en vez de competir por la atención y el aplauso de los demás.

INSPIRADAS POR DÉBORA

Mi madre es un maravilloso ejemplo de la mujer que se pone en la brecha por sus hijos y que no tiene un hombre a su lado. Después de que mi padre dejó el hogar, ella pudo haberse perdido en la depresión y el desaliento, pero dio los pasos necesarios para darnos un hogar seguro y lleno de amor a mis hermanos y a mí. Las madres solteras viven bajo fuertes tensiones y exigencias. Yo siento una gran admiración por ellas, cuando las veo confiar en Dios e inspirar fe, amor, y fortaleza a sus hijos.

Mujeres, Dios las ha llamado a ser sacerdotisas, profetas, y siervas. Sirvan con gozo y humildad y no dejen que la inseguridad de otra persona limite su eficacia. En todas las relaciones, comuníquense con claridad, eviten las exigencias, y busquen la manera de armonizar con las personas para que todos cumplamos nuestra responsabilidad en el reino de Dios. No dejen que se las pasen por alto, o lo que es peor aún, se las ridiculice por querer servir al Señor con gozo y fortaleza. Es posible que en este momento se sientan frustradas porque cierto varón no ha sido capaz de valorar sus talentos y su llamado, pero tengan paciencia. Cuando llegue el momento de Dios, se abrirán las puertas ante ustedes.

Procuren que su manera de hablar sea sazonada con sal. Crean en el poder de la oración. Sean ejemplo para su familia y sus amistades. Conquisten la confianza de aquellos que las conocen mejor, y escuchen las sugerencias de los que ocupan puestos de autoridad. Si ellos son personas inseguras y limitan su participación, con todo esmero cumplan las responsabilidades que se les encomienden, y confíen que en el futuro Dios les dará más oportunidades de servirle.

Dios ha levantado mujeres fuertes y talentosas para que guíen a las naciones en el espíritu de Débora. Golda Meir guió a Israel a través de los tumultuosos años de la década del setenta, incluyendo la guerra del Yom Kippur, en 1974. Margaret Thatcher fue conocida en Gran Bretaña como "la dama de hierro" por su firmeza en una política interna sin concesiones, y su postura contra las tiranías en el mundo entero. Y en el presente, Ángela Merkel es la voz más audible de la Unión Europea, en su responsabilidad de canciller de Alemania.

A veces, Dios usa las tragedias para darle a las mujeres una plataforma mayor desde la cual le sirvan. Jim y Elisabeth Elliot dedicaron su vida a llevar el Evangelio a "los confines de la tierra". Con unos cuantos valientes compañeros, se trasladaron a Ecuador en 1956, con la esperanza de alcanzar a la tribu huaorani, un pueblo que nunca había tenido contacto alguno con el mundo exterior. Ellos sabían que estaban haciendo algo peligroso, así que con toda calma y paciencia se acercaron discretamente para mostrarles que eran amistosos. Tal vez sus esfuerzos no fueron del todo convincentes para ellos. Un día, poco después de que Jim y otros cuatro hombres aterrizaron con su avión de un solo motor en una remota

A veces, Dios usa las tragedias para darle a las mujeres una plataforma mayor desde la cual le sirvan.

playa de la selva, los guerreros huaoranis súbitamente salieron de entre los arbustos donde estaban escondidos, y atacaron con lanzas a los cinco misioneros. Ninguno de ellos sobrevivió.

De un momento a otro, Elisabeth se convirtió en una viuda con una hija de diez meses de nacida. En vez de echar todo a rodar en medio de se ira y desesperación, decidió que la muerte de su esposo no sería en vano. Después de un par de años de preparación, ella y otra de las viudas establecieron contacto con la tribu, y finalmente decidieron vivir en su aldea. Ella aprendió su lenguaje, tradujo el Nuevo Testamento, y llevó a Cristo a muchos de ellos, incluso algunos de los hombres que habían asesinado a su esposo.

En medio de su sufrimiento y su servicio, Elisabeth Elliot descubrió ricas lecciones espirituales sobre cómo responder ante las bendiciones y las angustias. En su libro *Pasión y pureza,* hace las siguientes reflexiones:

> "Si nos aferramos con todas nuestras fuerzas a cuanto se nos dé, sin estar dispuestas a soltarlo cuando llegue el momento de soltarlo, o permitir que sea usado de la forma que el Dador quiere que sea usado, estamos atrofiando el crecimiento de nuestra alma... Lo cierto es que es nuestro para darle gracias a Él, y nuestro para ofrecérselo de nuevo a Él; nuestro para renunciar a ello, nuestro para perderlo, nuestro para dejarlo ir, si es que queremos encontrar nuestro verdadero yo; si queremos la Vida verdadera; si nuestro corazón está orientado hacia la gloria."[27]

En los años posteriores a aquella terrible tragedia, Elisabeth Elliot dio clases en un seminario, habló en conferencias por todo el mundo, y escribió muchos libros, entre ellos una impresionante biografía de su esposo Jim, titulada *La sombra del Todopoderoso: La vida y el testamento de Jim Elliott*. Su valor y su sabiduría, forjados en las llamas del sufrimiento, han inspirado a toda una generación de mujeres (y de hombres) a confiar en Dios por encima de todas las cosas, por difíciles que parezcan ser las circunstancias. Al igual que Débora, Elisabeth Elliot se ganó su reputación, y Dios le abrió las puertas para que usara sus talentos y habilidades.

MIRAR ATRÁS, MIRAR ARRIBA

En el capítulo anterior, encontramos a Gedeón escondido en el lagar, mientras que aquí encontramos a Débora dirigiendo a su pueblo al aire libre, bajo una palmera. Ambos recibieron el llamado de Dios, y ambos fueron líderes llenos de fortaleza y de valor. Aunque hayan vivido hace tres mil años, ellos nos señalan hacia Aquel que no vive en el tiempo. Si tenemos ojos para ver y oídos para oír, veremos la marca de Cristo, incluso en estas antiguas historias.

Después de salir de la tumba, Jesús se le apareció a sus discípulos y a muchos otros en los siguientes cuarenta días. Uno de los encuentros más emotivos fue el que tuvo lugar en el camino de Emaús. Lucas nos dice que dos de sus discípulos iban a ese poblado, que se encuentra a unos once kilómetros de Jerusalén. Tenían el corazón destrozado, porque Jesús había sido ejecutado. Cuando Él se les acercó y les preguntó si podía caminar con ellos, no se dieron cuenta de quién era. Podemos captar su profunda tristeza cuando uno de ellos le dijo: "Pero nosotros esperábamos que él era el que había de redimir a Israel" (Lucas 24:21). Un Mesías muerto no armonizaba con su comprensión de la redención de Dios.

Aquellos dos hombres se sentían confundidos, porque habían oído decir que Jesús había salido de su tumba. ¿Sería realmente posible que hubiera resucitado... como Él había dicho que lo haría?

Jesús les dijo: "¡Oh insensatos, y tardos de corazón para creer todo lo que los profetas han dicho! ¿No era necesario que el Cristo padeciera estas cosas, y que entrara en su gloria?" (Lucas 24:25–26). Y Lucas, el historiador, añade: "Y comenzando desde Moisés, y siguiendo por todos los profetas, les declaraba en todas las Escrituras lo que de él decían" (Lucas 24:27).

¿Puede imaginar esa conversación? Jesús les refirió las Escrituras desde el principio y le mostró a aquellos dos hombres todo el movimiento de la mano de Dios en la obra de redención. Dios le había prometido un hijo a Abraham, y le había prometido también que bendeciría a todas las naciones del mundo a través de él. Isaac solo era una señal, un símbolo del Hijo definitivo que bendeciría con su perdón y su amor a la gente de todos los tiempos y de todas las naciones. En Egipto, el cordero de la Pascua había sido sacrificado para que el pueblo de Dios pudiera vivir y ser libre. Sin duda, Jesús le recordó a aquellos dos hombres que Él era el Cordero de Dios, el definitivo Cordero de la Pascua. Seguramente les habló de los reyes de Israel, que señalaban al Creador y Rey del universo. Les habló del exilio y el regreso, y de los centenares de profecías acerca del Mesías tanto tiempo esperado... ¡quien hablaba con ellos en ese momento!

Mientras conversaban, es posible que Jesús se refiriera al período posterior a la conquista de la Tierra Prometida. Durante el ciclo de los jueces, el pueblo se alejaba de Dios, sus enemigos lo oprimían, entonces clamaba a Dios para que lo rescatara, y eran liberados cuando Dios les enviaba un juez que los dirigiera. Ahora bien, ese patrón no se limita al pasado; todavía lo vemos hoy. El pecado destruye a las personas, las familias, las comunidades, y las naciones. El enemigo de nuestra alma vino para matar, robar, y destruir, pero cuando nosotros clamamos a Dios, experimentamos la libertad y la purificación de su perdón.

Por tanto, Jesús es mayor que Gedeón y mayor que Débora, pero hubo un giro un tanto irónico. En los tiempos antiguos, el juez guiaba al ejército a la victoria sobre sus enemigos. En cambio, Jesús no vino para *ejecutar* un juicio, sino para *sufrirlo*. Una y otra vez, les dijo a sus discípulos que enfrentaría traición, falsas acusaciones, torturas, y la muerte, pero que se levantaría de la tumba al cabo de tres días. Gedeón y Débora obtuvieron la victoria sobre sus enemigos a través de un milagroso triunfo militar. En cambio, Jesús venció al enemigo con su sacrificio, muerte, y resurrección.

En la época de los jueces, Dios le dio tiempo paz a su pueblo después de cada victoria. Hoy vivimos en este complejo mundo, entre el "ya" y el "todavía no". En la cruz, nuestro Rey fue paradójicamente coronado, y nuestra responsabilidad como creyentes es establecer ahora su reino de amor, justicia, y misericordia "en la tierra como en el cielo". Pero el reino de Cristo no estará completo mientras Él no regrese en poder y gloria. Ese día, Jesús vendrá como el gran Juez, y finalmente enderezará todo lo injusto, secará toda lágrima, humillará a todos los soberbios y exaltará a todos los humildes.

Hay quienes piensan que el Antiguo Testamento fue un *intento fallido* de redención, pero Jesús lo describe como una *historia inconclusa*; ¡una historia cuya conclusión estaba frente a los mismos ojos de aquellos dos hombres! Por fin había venido el Mesías, tal como lo habían anunciado los profetas, pero vino de una manera distinta a la que todos esperaban.

Aquel día, en el camino de Emaús, es posible que Jesús les explicara que las historias de Gedeón y Débora señalaban a una victoria futura sobre un enemigo; de hecho, el principal enemigo de la humanidad: el pecado y la muerte. Cuando llegaron al poblado, los dos hombres le suplicaron a Jesús que se quedara con ellos. Cuando se sentaron para cenar, Él partió el pan y dio gracias. ¡En ese momento, se dieron cuenta de que era Jesús! Entonces, Él desapareció, y ellos se dijeron: "¿No ardía nuestro corazón en nosotros, mientras nos hablaba en el camino, y cuando nos abría las Escrituras?" (Lucas 24:32).

Las personas que se ponen en la brecha tienen un corazón que arde de gozo, pasión, y amor cuando Dios les abre los ojos, y al leer las Escrituras, perciben su belleza y su poder. Y las

Escrituras nos muestran a Jesús. Él es el Rey, pero no es como ningún rey que el mundo ha conocido. Es supremamente poderoso, sin embargo tierno como el toque de una madre. Es omnisciente y lo sabe todo acerca de nosotros; lo bueno y lo malo. Y aun así, nos ama.

Dios llamó a Gedeón y a Débora para que se pusieran en la brecha, cada cual en su generación. Ellos escucharon su llamado y le respondieron en fe. Ahora, Dios nos está llamando a usted y a mí para que nos pongamos en la brecha en nuestro tiempo, en nuestro lugar y en nuestra generación. Cuando oigamos su llamado, respondamos nosotros también en fe. Tomemos su mano, sigamos su dirección, ayudemos a las personas en sus problemas, y veremos cómo Dios transforma vidas de una manera milagrosa. Para eso vino Jesús, mayor que Gedeón y mayor que Débora. No se pierda la oportunidad de ponerse con Él en la brecha.

PIÉNSALO . . .

1. Cómo ganó Débora su reputación entre su pueblo?

2. ¿Cuáles son las personas a las que usted admira por su valentía, sabiduría, perseverancia y amor? Escoja una de ellas. ¿Qué proceso, doloroso o agradable, tuvo que pasar esa persona para la formación y la profundidad de esas cualidades?

3. ¿Ve usted a Barac como un cobarde, o como un león? Explique su respuesta.

4. ¿Qué podemos aprender de la relación de Débora y Barac?

5. Cuando una mujer se siente limitada por las inseguridades de algún hombre, ¿cómo debe responder? ¿Cuál estrategia de comunicación pudiera ser beneficiosa para que él escuche, en vez de responder de manera defensiva?

6. ¿Qué significa tener un "corazón ardiente" por Dios? ¿Busca usted a Dios con esa clase de disposición del corazón? ¿Por qué sí, o por qué no?

7. ¿Qué puede usted aprender de la vida de Débora?

9 CALEB

. . . tenía un espíritu diferente

"Ahora bien, Jehová me ha hecho vivir, como él dijo, estos cuarenta y cinco años, desde el tiempo que Jehová habló estas palabras a Moisés, cuando Israel andaba por el desierto; y ahora, he aquí, hoy soy de edad de ochenta y cinco años. Todavía estoy tan fuerte como el día que Moisés me envió; cual era mi fuerza entonces, tal es ahora mi fuerza para la guerra, y para salir y para entrar. Dame, pues, ahora este monte, del cual habló Jehová aquel día; porque tú oíste en aquel día que los anaceos están allí, y que hay ciudades grandes y fortificadas. Quizá Jehová estará conmigo, y los echaré, como Jehová ha dicho. Josué entonces le bendijo, y dio a Caleb hijo de Jefone a Hebrón por heredad. Por tanto, Hebrón vino a ser heredad de Caleb hijo de Jefone cenezeo, hasta hoy, por cuanto había seguido cumplidamente a Jehová Dios de Israel" (Josué 14:10–12).

Temprano y tarde. Vemos a Caleb como uno de los héroes al comenzar el éxodo de Israel desde Egipto, y décadas más tarde vemos su valentía y tenacidad, aun a pesar de que ya es un hombre de avanzada edad. Aun así, le dice a Josué: "Dame, pues, ahora este monte" No quería decir con esto que lo quisiera de regalo, adornado con un bello lazo. ¡Quería pelear por la parte que le correspondía en la tierra! De hecho, lo que le estaba pidiendo a Josué era que lo dejara conquistar ciertas tierras guardadas por los más poderosos guerreros entre sus enemigos.

La historia de Caleb comienza cuando Moisés saca al pueblo de Dios de Egipto y lo lleva al desierto. Moisés, al llegar a los límites de la Tierra Prometida, envía doce espías que entran en Canaán para explorar aquella Tierra Prometida. Mientras están allí, dos de ellos cortan un pámpano con un solo racimo de uvas, que tienen que cargar entre los dos, colgado de una vara (Números 13:23). Yo nunca he trabajado en una viña, pero las uvas que veo en las tiendas de víveres no necesitan dos hombres fuertes para cargarlas. ¡Debe haber sido un racimo inmenso! Imagino que los dos hombres que volvieron con aquellas uvas eran Josué y Caleb. ¡Tienen que haber sido ellos! Eran los únicos dispuestos a convencer a todos que aquella tierra era buena, y que estaba lista para la conquista.

Cuando regresaron al campamento israelita, todos los espías estuvieron de acuerdo en que aquella tierra era buena... realmente buena. Sin embargo, diez de los doce se sentían preocupados por los gigantes que vivían allí; unos guerreros que eran demasiado fuertes para que quienes habían sido esclavos los derrotaran. La multitud reaccionó con una mezcla de entusiasmo y temor, y finalmente el pánico se apoderó de ellos. Caleb se adelantó y le dijo a todos: "Subamos luego, y tomemos posesión de ella; porque más podremos nosotros que ellos" (Números 13:30).

El debate se intensificó. Josué y Caleb le suplicaron al pueblo que tuviera fe en Dios y todos entraran a conquistar la tierra.

Pero los diez espías que dudaban infectaron el corazón de la gente, y de atemorizados, estaban listos para elegir a un nuevo líder que los llevara de vuelta a Egipto.

Moisés le suplicó a Dios que perdonara la incredulidad del pueblo. Dios los perdonó, pero la consecuencia de su temor fue que ninguno de ellos viviría para ver la Tierra Prometida; ninguno, esto es, menos Josué y Caleb, los dos hombres llenos de fe. Dios le dijo a Moisés: "Pero a mi siervo Caleb, por cuanto hubo en él otro espíritu, y decidió ir en pos de mí, yo le meteré en la tierra donde entró, y su descendencia la tendrá en posesión" (Números14:24).

PROBANDO LAS UVAS

Dios hizo notar que Caleb tenía "un espíritu diferente". ¿Qué tenía él de diferente? ¿Qué le daba valor mientras los demás tenían dudas? Es posible que contribuyeran muchos factores, pero creo que Josué y Caleb fueron los dos únicos espías que probaron la bendición de Dios. Cómo me complace imaginarlos cargando esa vara donde llevaron el racimo de uvas tomado de la Tierra Prometida. Veo a Josué detrás, contemplando aquellas uvas. ¡Vaya si tenían buen aspecto! Casi podía saborear lo dulce y jugosas que eran. Por fin toma una y la saborea, haciendo esos ruidos extraños que uno hace con la boca cuando algo sabe increíblemente bueno.

Caleb se vuelve, y le grita: "¡Oye! ¿Qué estás haciendo?" Si hubiera sido puertorriqueño, le habría dicho: "¡Mira, chico!" O si hubiera sido mexicano, le habría dicho: "¡Oye, carnal!"

Josué le responde: "¡Caleb, tienes que probar esto! ¡Qué bueno está! ¡Es mejor que cualquier otra fruta que he comido en toda mi vida!"

Caleb se vuelve y toma una o dos uvas. ¡Ahora los dos saborean ese fruto tan especial! Si antes se sentían entusiasmados de llevar las uvas al campamento, ¡ahora están por las nubes! Cuando siguen andando, se dan cuenta de que han probado algo que es mucho más que la fruta; han probado la bondad de Dios, y ya no hay marcha atrás para ellos. Es una nueva sensación; una presencia cálida y pura que nunca antes habían sentido. Lo pueden ver todo con mayor claridad. ¡Están seguros de que la promesa de Dios se cumplirá! Se han quitado las anteojeras. Tienen una nueva seguridad. Su seguridad en Dios los llena de propósito y los lleva por un nuevo rumbo.

Sé que esta historia puede parecer un poco exagerada. Sin embargo, no se trata de unas uvas ordinarias, sino de un enorme racimo que era en sí un mensaje de esperanza. Ellos no se limitaron a *observar* la "tierra que fluye leche y miel" y los enormes racimos de uva que producía. Tuvieron las uvas en sus manos y las *probaron*. Su experiencia táctil de la bendición de Dios les dio seguridad cuando los demás dudaron... El hecho de haberlas probado les dio un espíritu diferente.

Es esencial que tengamos una genuina experiencia de la bondad y la grandeza de Dios para poseer una fe vibrante. David nos invita diciendo: "Gustad, y ved que es bueno Jehová" (Salmo 34:8). Después de su resurrección, cuando Jesús se apareció a los discípulos, Tomás estaba ausente. Al decirle los demás de que habían visto al Cristo resucitado, él sencillamente no lo pudo concebir… hasta que Jesús volvió a aparecer. No reprendió a Tomás por haber dudado. Mas bien lo invitó a extender la mano y tocarlo: "Pon aquí tu dedo, y mira mis manos; y acerca tu mano, y métela en mi costado; y no seas incrédulo, sino creyente". Con eso le bastó a Tomás, quien exclamó: "¡Señor mío, y Dios mío!" (Juan 20:27,28).

Es esencial que tengamos una genuina experiencia de la bondad y la grandeza de Dios para poseer una fe vibrante.

Dios sabe que hay ocasiones en que necesitamos tocar, sentir, y probar. No lo ofende nuestro deseo de experimentar su presencia y sus promesas. De hecho, nos invita a ponerlo a prueba, y ver por nosotros mismos que lo que dice es cierto.

El pueblo de Dios deambuló cuarenta años en el desierto. ¡Debe haber sido difícil! No había vacaciones ni había aventuras en un parque de juegos; solo había un trabajo duro en un ambiente hostil. Es difícil imaginar tal experiencia.

Lo más cerca a la vida en un desierto es cuando visito la iglesia que fundamos en Perú. La gente en aquel lugar vive en un desierto y con muy pocos recursos; hay arena por todas partes. La primera vez que visité el hogar del pastor, vi a una joven barriendo la acera frente a la casa. Me pareció extraño porque barría arena. Entramos para cenar. Las casas tienen piso de tierra, así que había arena por todas partes: en la cocina, en el comedor y en los dormitorios. Después de cenar, la joven llegó con un balde de agua, roció la arena con el agua y barrió de nuevo. Yo no quería parecer poco cortés, pero le tuve que preguntar: "¿Por qué mojas la arena?"

Ella me respondió: "Para tenerla compactada".

Entonces le hice la pregunta que realmente le quería hacer: "Pero, ¿por qué estás siempre barriendo?"

Ella hizo una pausa y sonrió: "Para que luzca mejor".

Aquello me conmovió de verdad. Imagínese lo que es tratar de mantener el suelo limpio y llano cuando en todas partes hay gente que camina sobre la arena. Aquellas personas trabajaban realmente duro para sacar el mejor partido posible de su situación. Lo hacían con entusiasmo, con un corazón agradecido y con una sonrisa. ¡Vaya lección para la vida! Mi corazón siente gratitud por el Dios viviente cada vez que pienso en esos humildes siervos, que están totalmente comprometidos con Dios, y están marcando una inmensa diferencia a diario en la vida de centenares de familias en el desierto peruano.

El pueblo de Dios no le sacó el mejor partido posible a su situación. Él les había prometido una tierra hermosa y feraz, pero primero tendrían que pasar un poco de tiempo en el desierto para convertirse en el pueblo que Él los había llamado a ser. Por su respuesta, podemos ver que no estaban preparados para vivir en el desierto. En el mismo instante en que algo andaba mal, se quejaban y se lamentaban; ¡una y otra vez expresaron su deseo de regresar a Egipto para volver a la esclavitud! Es irónico que a veces recibimos precisamente lo que no queremos. Eso es lo que sucede cuando escogemos el temor sobre la fe, las quejas sobre la confianza, y la comodidad sobre el trabajo.

Caleb y Josué tenían "un espíritu diferente" porque habían probado la fruta y habían sentido la bendición en sus propias manos. Para ellos, la promesa del Señor era mucho más que una teoría o un buen deseo. Era una experiencia real.

SIN TERMINAR

Cuando leemos lo que sucedió cuando el pueblo de Dios peregrinó en el desierto, nos damos cuenta de que fueron años difíciles. Cuando Moisés subió al monte Sinaí para recibir la Ley de Dios, el pueblo adoró a un becerro de oro. Una y otra vez vinieron a Moisés con quejas de que no tenían suficiente comida o agua, y Dios les dio lo que necesitaban, ¡y a veces más de lo que pedían! Su rechazo de Dios después del informe de los espías fue la gota que colmó el vaso, y Dios pronunció su juicio sobre ellos: tuvieron que deambular por el desierto otros cuarenta años. Finalmente, todos los adultos que habían salido de Egipto y habían cruzado el mar Rojo por tierra seca, murieron, y de ellos quedaron solo dos: Josué y Caleb.

Me puedo imaginar a Josué y Caleb observando la situación durante cuarenta años marcados por la frustración, sacudiendo la cabeza y pensando: *¡Si nos hubieran hecho caso, ya estarían disfrutando de las bendiciones de Dios!* Se puede decir con seguridad que aquellos años fueron difíciles para los dos únicos que habían confiado en Dios desde el principio. Sin embargo, ambos se mantuvieron integrados a las actividades de la comunidad. Lo más probable es que constantemente recordaran al pueblo

En vez de apreciar sus consejos y admirar su valentía, posiblemente muchos los rechazaron. Eso sucede cuando alguien se pone en la brecha, porque no todos quieren escuchar la verdad.

que debían confiar en Dios especialmente en los momentos difíciles. En vez de apreciar sus consejos y admirar su valentía, posiblemente muchos los rechazaron. Eso sucede cuando alguien se pone en la brecha, porque no todos quieren escuchar la verdad.

Después de la muerte de Moisés, Dios puso a Josué al frente del pueblo. Por fin había surgido una nueva generación de israelitas con la fe suficiente para seguir adelante. Durante cinco años, el pueblo de Dios luchó, sufrió, algunos murieron, y finalmente conquistaron la tierra que Dios le había prometido tanto tiempo atrás. En esos años, Caleb luchó a favor de sus amigos y vecinos para ayudarlos a conquistar la tierra que Dios les había entregado. Finalmente, llegó su oportunidad. Aún recordaba la promesa de Moisés: "Ciertamente la tierra que holló tu pie será para ti, y para tus hijos en herencia perpetua, por cuanto cumpliste siguiendo a Jehová mi Dios" (Josué 14:9).

La situación no era favorable para un anciano que hacía muchos años que había pasado la flor de su edad. Caleb tenía ochenta y cinco años, y la tierra que se le había prometido estaba llena de colinas que servían de baluarte para sus ocupantes. Allí vivían los anaceos, ¡y no tenían intención alguna de trasladarse!

Eran una desafiante tribu de guerreros; tal vez los descendientes de los "hijos de Anac", aquellos gigantes que habían espantado a los diez espías cuarenta y cinco años antes (Números 13:33).

Caleb no se empequeñeció en lo absoluto ante los retos que enfrentarían. Casi podemos ver la intensidad y la firme determinación que reflejó en su rostro cuando leemos las palabras que dirigió a su viejo amigo Josué: "Dame, pues, ahora este monte, del cual habló Jehová aquel día; porque tú oíste en aquel día que los anaceos están allí, y que hay ciudades grandes y fortificadas. Quizá Jehová estará conmigo, y los echaré, como Jehová ha dicho" (Josué 14:12).

NO ES TAN FÁCIL

Muchas personas piensan que Dios cumple sus promesas de una manera que demanda poco esfuerzo, o tal vez ninguno, de nuestra parte. ¡No es así! Ciertamente, Dios puede obrar sin nuestra ayuda; para eso es Dios, y lo puede hacer. No obstante, lo más frecuente es que nos permita ser socios suyos.

Las fuerzas enemigas que había en la Tierra Prometida no se rindieron repentinamente y se marcharon cuando llegó el pueblo de Dios. Josué y su ejército tuvieron que luchar por cada centímetro de terreno. Murió gente del pueblo en la conquista de la tierra que Dios les había prometido.

Después que Dios le encomendó a Pablo la tarea de llevar el Evangelio a todos los rincones del mundo conocido, el apóstol tuvo que sufrir burlas, recibir golpizas, y caer preso en casi todas las ciudades que visitó. Él no tenía la ilusión de que le sería fácil cumplir el llamado de Dios. En su epístola a los Colosenses explicaba: "Para lo cual también trabajo, luchando según la potencia de él, la cual actúa poderosamente en mí" (Colosenses 1:29). Pablo luchaba y trabajaba con toda la energía que Dios le daba. No era él quien estaba al frente de todo. Trabajaba arduamente, según el Espíritu Santo lo guiaba y le daba poder durante todos sus viajes.

Para el propio Jesús las cosas estuvieron muy lejos de ser fáciles. Sufrió abandono, falsas acusaciones, torturas, y una cruel ejecución, y todo para cumplir el propósito que el Padre le había encomendado.

¿Acaso debemos esperar nosotros algo distinto? Josué, Caleb, Pablo, y Jesús, y con ellos una infinidad de creyentes a lo largo de los siglos, han luchado y nos han dejado muchas pruebas sobre la manera en que Dios cumple en nosotros sus propósitos.

Caleb tenía una paciencia extraordinaria. Durante cuarenta años había deambulado con el pueblo de Dios por el desierto. Después, durante cinco años había luchado a favor de otros, para que pudieran tener las tierras que Dios les había prometido. A lo largo de todo aquello, manifestó una mezcla única de humildad y valentía. Cuando terminó de ayudar a los demás en la conquista de sus tierras, volvió finalmente la atención a la promesa que Dios le había hecho para él y para su familia.

Una de las cosas que más me impresionan en Caleb es su perseverancia. Parte de este "espíritu diferente" que tenía Caleb era su actitud respecto a lo que era necesario para ver que las promesas de Dios se convirtieran en realidad. No sentía que él tuviera derecho alguno. No andaba buscando una posición más elevada, o un título. Ni siquiera usó su avanzada edad como excusa para tomar las cosas con calma. No insistió en que todos aquellos a quienes él había ayudado a adquirir tierras, ahora le devolvieran el favor. No dijo: "Yo ya he hecho bastante. Me he ganado esta tierra. Ahora ustedes la tienen que conquistar para mí". Todo lo que hizo fue recordarle a su amigo Josué: "¡Oye, recuerda lo que Dios me prometió! ¡Déjame ir a poseerlo!"

Caleb fue uno de estos personajes que no exigen que se los atienda. Me cae bien. Sencillamente, hace lo que tiene que hacer. Sin dramas. Sin lloriqueos. Sin quejas. Sin campañas para subir a alguna posición destacada.

Caleb fue uno de estos personajes que no exigen que se los atienda. Me cae bien. Sencillamente, hace lo que tiene que hacer. Sin dramas. Sin lloriqueos. Sin quejas. Sin campañas para subir a alguna posición destacada. Pone la mano en el arado, y no mira atrás. ¡Señor, dame Calebs que trabajen junto a mí! Con el Espíritu Santo y unos pocos Calebs, le podemos causar serios daños a las fuerzas de las tinieblas en este mundo.

Con demasiada frecuencia, encontramos quienes piensan que Dios es como una especie de mesero que solo existe para servirles lo que quieren. Cuando Dios usa de retrasos y dificultades, como aquellos cuarenta años en el desierto, para hacer más profunda su dependencia de Él, se quejan, así como los hijos de Israel se quejaron. ¿Sabía usted que Dios usa esos tiempos de espera? ¿Se da cuenta de que Dios está tratando de sacar algo bueno de usted... o tal vez crear algo en usted... durante esos retrasos? Por eso tarda tanto a veces.

Hay quienes no quieren esperar y, seamos sinceros, tampoco quieren trabajar. ¡Quieren bendiciones inmediatas, con muy poco o ningún esfuerzo de su parte! Otros tienen con Dios una relación que parece de negocios. Están dispuestos a hacer lo que les corresponde a ellos, siempre que Dios haga su parte y los bendiga. Esas personas van a la iglesia (a veces), dan dinero para la causa de Dios (tan poco como les sea posible), y piensan que Dios tiene una deuda con ellas. Cuando pasan por retrasos y dificultades, sienten que Dios les ha hecho una trampa. Le dicen: "¡Oye, mira todo lo que yo he hecho por ti, y sin embargo, tú me has decepcionado!"

Caleb se puso en la brecha, cuando él y Josué regresaron con "el informe de la minoría" y recomendaron que se conquistara de inmediato la Tierra Prometida. Se puso en la brecha por sus vecinos y amigos, luchando cinco años para ayudarlos a ganar sus tierras. Y se puso en la brecha por su propia familia cuando peleó por aquellas tierras de montaña.

RECLAMAR LAS PROMESAS

Si Caleb hubiera sido como la mayor parte de las personas de hoy, se habría echado atrás tan pronto como las cosas no hubieran ido por el camino que él esperaba. Pero no se dio por vencido, ni tampoco actuó neciamente. Sabía lo que haría falta para enfrentar a los anaceos en un terreno de montaña. Se daba cuenta de que la pelea sería fuerte; tal vez, la más fuerte de su vida, pero confiaba que Dios le daría la fortaleza necesaria para ganar aquellas batallas y apoderarse de las tierras que le habían sido prometidas.

Necesitamos sintonizar nuestro corazón con el suyo, para deleitarnos en las cosas que a Él le deleitan. Entonces, con humildad y valentía, le podremos recordar las promesas que nos ha hecho

Caleb fue fiel a sus compromisos, y le recordó a Josué y a Dios el compromiso que tenían con él. Los llamó a contar. A Dios no le molesta que nosotros le recordemos sus promesas de bendecirnos, siempre que tengamos la misma clase de espíritu que Caleb para confiar *y* pelear, orar *y* servir, creer *y* sudar.

La Biblia está llena de promesas que podemos reclamar. Al igual que Caleb, nunca le debemos exigir a Dios que haga lo que nosotros queremos, para que nuestra vida sea más agradable y más fácil. Mas bien, necesitamos sintonizar nuestro corazón con el suyo, para deleitarnos en las cosas que a Él le deleitan. Entonces, con humildad y valentía, le podremos recordar las promesas que nos ha hecho. Entre ellas están las siguientes:

- La promesa de que nuestro futuro estará lleno de bendiciones y de esperanza (Jeremías 29:11).
- La promesa de que Él nos dará descanso para nuestra alma (Mateo 11:28,29).

- La promesa de que nos dará fortaleza para caminar, correr, y volar (Isaías 40:29–31).
- La promesa de satisfacer todas nuestras necesidades conforme a sus riquezas infinitas (Filipenses 4:19).
- La promesa de darnos sabiduría en los momentos de prueba (Santiago 1:2–8).
- La promesa de vida eterna para todos los que confíen en Cristo como Salvador suyo (Romanos 6:23).
- La promesa de darnos paz cuando nos parece que el mundo se está destruyendo (Juan 14:27).
- La promesa de perdonarnos todos nuestros pecados (Romanos 8:1).
- La promesa de que nada nos podrá separar de su amor (Romanos 8:37–39).

Caleb era un hombre que "siguió cumplidamente a Jehová Dios de Israel" (Josué 14:9,14). En todo el Antiguo Testamento solo hay tres personas a las que se describe de esta manera: José, Caleb y Daniel. Ciertamente, hubo otros que mostraron una gran fe, pero estos tres se destacan por haber dependido profundamente de Dios, y haber tenido la tenacidad suficiente para confiar en Él en las circunstancias más difíciles. Los tres reclamaron las promesas de Dios, sin importarles lo mal que se veía la situación en sus momentos de quebranto, desaliento y temor.

William Tyndale vivía en una tierra donde había gigantescos problemas de diversas clases, pero él era una de las pocas personas de Inglaterra que los reconocían. A principios del siglo dieciséis, los cultos de las iglesias y la Biblia solo usaban el latín. Pocas personas comprendían lo que se decía cada semana en las iglesias, y no podían leer las Escrituras en su casa ni en su propio idioma. Adoraban y vivían en medio de la ignorancia espiritual.

Solo unos pocos años después que Martín Lutero lanzara la Reforma Protestante en Alemania, Tyndale tuvo su propia epifanía. Mientras leía el Nuevo Testamento en griego, comprendió que la salvación solo nos viene por la fe en el sacrificio de Cristo. El hecho de comprender esto lo llenó de entusiasmo, pero se daba cuenta de que el pueblo común de Inglaterra no tenía los estudios lingüísticos de los cuales él disfrutaba. En ese punto, Tyndale tuvo que decidir: o descansaba y disfrutaba del prestigio que le daba su posición eclesiástica, o se arriesgaba a desafiar el orden establecido de las cosas. Al igual que Caleb, Tyndale tenía un espíritu diferente. Pero en vez de aquel "Dame ese monte", el anhelo de Tyndale era: "¡Ayúdame a darles la verdad de tu Palabra!" Dios puso en él la pasión por traducir al inglés el Nuevo Testamento, de manera que todos los habitantes del país pudieran escuchar, leer, y experimentar su gracia.

Tyndale era un líder respetado en la Iglesia, así que le pidió al obispo de Londres fondos y apoyo para su traducción. El obispo lo rechazó. Pronto Tyndale se convenció de que el rechazo del obispo era total y definitivo, no solo para Londres, sino para la Iglesia de toda la nación, así que cruzó el canal de la Mancha para pasar al continente europeo. En la ciudad alemana de Worms, el mismo lugar donde Lutero había hablado valientemente acerca de la gracia de Dios y lo habían juzgado y condenado por hereje, Tyndale publicó la primera traducción inglesa de la Biblia. Debido a la feroz oposición del rey inglés Enrique VIII, del Cardenal Wolsey, del Lord Canciller Tomás Moro y de otros líderes eclesiásticos, Tyndale tuvo que meter de contrabando en el país los ejemplares de su traducción. A causa de su traducción, se le señaló como el "gran anticristo".

Tyndale creía que el Evangelio del Nuevo Testamento no debía quedar confinado a los clérigos con estudios. Estos, aunque entendían la Biblia en latín, no enseñaban sobre la gracia de Dios. El poder del Evangelio transformó tanto su corazón como sus acciones. Se dio cuenta de que había muchas personas que luchaban a su alrededor, y que necesitaban una ayuda palpable. Aun después de que supo que querían acusarlo de traición y herejía, invirtió su vida en la atención a los demás. Visitaba a los refugiados religiosos procedentes de Inglaterra, le ministraba a los pobres y leía la Biblia en inglés a aquellos que lo invitaban a cenar.

Después de haber huido durante una década, Tyndale fue traicionado por un amigo y fue arrestado por autoridades europeas que eran cómplices del rey inglés y de su iglesia. Fue juzgado, condenado, y sentenciado a una terrible muerte en la hoguera. Aunque le dieron la oportunidad de retractarse, se negó a hacerlo. Antes que lo amarraran a la estaca, oró: "¡Señor, ábrele los ojos al rey de Inglaterra!" Entonces el verdugo lo estranguló y quemó su cuerpo.

Tyndale dejó tras sí un legado de una valentía fuera de lo común, y de poder en la Palabra de Dios. Antes de ser arrestado, escribió que la propagación del Evangelio por medio de una traducción de la verdad de Dios que el pueblo pudiera leer era más importante que su propia vida. Estaba dispuesto a sacrificarlo todo, para que el pueblo pudiera conocer la verdad de Dios y ser transformado. De hecho, dio la vida por esa causa.

Un siglo más tarde, las cosas habían cambiado en Inglaterra de tal manera, que el rey Jaime patrocinó oficialmente una traducción de la Biblia al inglés. Cuando sus expertos estudiaron la obra de Tyndale, se dieron cuenta de que era asombrosamente precisa. La Versión Autorizada de la versión del rey Jaime de la Biblia, que se ha usado durante más de cuatrocientos años, debe su claridad a William Tyndale. [28]

Vemos con claridad que Tyndale tenía "un espíritu diferente" al de otros líderes eclesiásticos de su tiempo. A sus compatriotas les tomó un centenar de años ponerse a la altura de su fervor por Dios y por las Escrituras, pero durante ese tiempo, millares de personas encontraron a Cristo gracias a la valentía de un hombre que estuvo dispuesto a ponerse en la brecha... por Dios y por ellos.

LAS TIERRAS MONTAÑOSAS DE HOY

Son muchas las personas que están luchando contra sus propios gigantes en medio de un terreno accidentado. Madres y padres solteros que se hallan bajo un estrés inmenso para manejar el tiempo y los recursos con el fin de proporcionar un hogar estable y lleno de amor a sus hijos, y al mismo tiempo resolver el sufrimiento de una relación rota. Padres que se ponen en la brecha por sus hijos pródigos. Muchas personas que son adictas a sustancias y conductas perjudiciales. Por lo general, lo primero que nos viene a la mente son las drogas, el alcohol, el sexo, la pornografía, y los juegos de azar, pero hay otras adicciones, como la comida, las compras, la televisión, y el trabajo; cuanto creamos necesario para medicarnos a nosotros mismos contra el sufrimiento. En nuestra tierra de hoy hay otros gigantes, como la pasividad, la soledad, y la desesperanza. Es frecuente que esas condiciones parezcan estar tan atrincheradas, que la persona no puede ni siquiera imaginarse que las podrá derrotar. En vez de hacerlo, las aceptan como parte de su panorama normal, y tratan de sobrevivir de día en día bajo su aplastante peso.

Sin embargo, hay unas pocas personas que tienen "un espíritu diferente", y confían en que Dios las ayudará a vencer a los gigantes que hay en el difícil terreno de su vida. Miriam es una de las personas más especiales que conozco. Sus gigantes son numerosos y fuertes, pero ella ha tenido el valor de pelear contra ellos con el poder de Dios. Hace años, se sentía desesperada. Usaba la heroína y la cocaína para medicarse en su sufrimiento y escapar al horror que era su vida. En un momento crítico, nuestra iglesia le ofreció refugio en nuestro centro para mujeres, que solemos llamar "La Finca". Allí, quedó limpia y sobria, comenzó una vida nueva en Cristo, y empezó una vida

Sin embargo, hay unas pocas personas que tienen "un espíritu diferente", y confían en que Dios las ayudará a vencer a los gigantes que hay en el difícil terreno de su vida.

de libertad y gozo. Mientras iba creciendo en su nueva fe, no se imaginaba lo mucho que necesitaría apoyarse en el poder, la sabiduría y el consuelo de Dios.

Cuando Miriam se hizo cristiana, sus gigantes no se desvanecieron. En los años posteriores a su salida de La Finca, sufrió una tragedia tras otra. Su hermano se ahogó de manera trágica. Su hija siguió sus pasos anteriores, un hijo no manifestaba interés alguno en Dios, y la enfermedad mental del otro causaba problemas constantes en la familia. Durante este tiempo increíblemente estresante, sus padres quedaron crónicamente enfermos.

A través de todas estas pruebas, Miriam ha mostrado tener "un espíritu diferente". Se ha enfrentado a las luchas de su familia, unas luchas que años antes la habrían tentado escapar por medio de las drogas, pero que esta vez enfrentó con fortaleza sobrenatural, esperanza y gratitud. Sus hijos se han quedado asombrados ante su transformación. De hecho, su influencia ha causado un drástico impacto en su familia. Su hija pródiga aceptó a Cristo y ahora es pastora en un recinto universitario de Camden, Nueva Jersey, mientras que su hijo es director de música y dirige la adoración en uno de nuestros locales. La salud de sus padres se sigue deteriorando, así que los llevó a su casa para cuidar de ellos.

En medio de todas estas luchas y bendiciones, Miriam ha experimentado mayores problemas de salud, y ha tenido que someterse a una operación para estabilizar sus vértebras cervicales.

Al igual que Caleb, Miriam fue tenazmente fiel mientras peleaba una batalla tras otra durante un largo período de tiempo.

A veces se sentía desanimada, pero siempre se levantaba y seguía peleando. Su confianza en Dios y los cambios que se han producido en su vida han asombrado a su familia y han inspirado a todos los que la han observado. Hace años, en medio de su adicción, el círculo de su vida prácticamente había desaparecido por completo. Estaba completamente absorta en sí misma. Hoy, es una verdadera sierva. La gente siente que su compasión es genuina. Ha viajado muchas veces a Nueva Jersey para apoyar a su hija, y las personas de nuestra iglesia saben que siempre pueden contar con ella para que las ayude cada vez que se lo piden, además de que muchas veces, ella se lanza a ayudar, incluso antes de que se lo pidan.

A pesar de las dificultades a las que se enfrenta Miriam continuamente, alaba a Dios por todas las bendiciones que Él le ha dado. No se anda con exigencias ni manifiesta sentido alguno de exigencia de sus derechos. Lo que hace es servir con gozo, humildad y tenacidad, como Caleb. Cuando la gente le pide que relate su historia, sonríe y habla de la increíble fidelidad que Dios ha tenido con ella.

Su edad no importa, ni importa lo grandes que puedan ser sus gigantes; usted puede tener "un espíritu diferente", como Caleb. Usted puede luchar contra sus enemigos con humildad, firmeza y perseverancia. Al igual que él, necesita probar la bondad del Señor. Entonces tendrá el valor necesario para enfrentar las dificultades del presente y a las incertidumbres del futuro.

Si usted está enfrentando hoy a los gigantes de su vida, y el terreno es escabroso en su matrimonio, con sus hijos o en su comunidad, pídale a Dios que le dé un espíritu como el de Caleb. Él se complacerá en darle a probar de su presencia, de manera que usted pueda pelear con constancia.

OTRA MONTAÑA Y OTROS GIGANTES

En la noche en que Jesús fue traicionado, tuvo que enfrentar el abrumador desafío de pelear en una montaña diferente, en el monte Calvario, contra gigantes mucho más feroces que los anaceos. Enfrentó a esos gigantes que eran el pecado y la muerte. Durante su cena con sus seguidores más cercanos, Él sabía exactamente a qué se enfrentaría. Juan nos dice: "Como había amado a los suyos que estaban en el mundo, los amó hasta el fin" (Juan 13:1). "Hasta el fin"; el fin era su muerte; su vida sin pecado, ofrecida en rescate por aquellos pecadores que estaban sentados alrededor de la mesa con Él aquella noche… y también por usted y por mí.

Poco tiempo más tarde, en el huerto de Getsemaní, Jesús probó el atroz sufrimiento espiritual, emocional, y físico que pronto soportaría en la cruz. El horror estuvo a punto de aplastarlo. Sería separado del Padre por primera y única vez en la eternidad, y en la cruz absorbería todos los infiernos que todos los pecadores hayamos merecido jamás. Todo el castigo que nosotros habríamos debido sufrir, se acumuló sobre Él. Subió al monte, y allí lo dio todo para ser nuestro sacrificio, de manera que nosotros no tuviéramos que sufrir el juicio que merecíamos.

Caleb arriesgó la vida por su familia. Jesús dio la vida por una gente que lo odiaba y lo ignoraba.

Vivimos en un mundo caído, de manera que todos nos enfrentamos de vez en cuando con brechas en nuestra propia vida, y en la vida de aquellos a quienes amamos. Algunos están tan cerca de nosotros, como el sufrimiento de la persona que duerme junto a nosotros, o en otro de los cuartos de nuestro hogar. Otras brechas que nos amenazan se encuentran en nuestras comunidades: la soledad, las pandillas, las drogas, la violencia, la depresión, la pobreza de espíritu, y la pobreza de recursos. Hay más aún: los movimientos masivos de nuestra cultura que buscan la normalización del aborto y de los matrimonios entre personas del mismo sexo, que tratan de ignorar a los inmigrantes, y que se encogen de hombros ante el tráfico de menores convertidos en esclavos sexuales.

Con demasiada frecuencia, la gente comete uno de estos dos errores opuestos al reaccionar ante las brechas que la rodean. Hay quienes dan por sentado que los problemas son demasiado grandes, demasiado difíciles, y demasiado complejos, así que se centran en la promesa del cielo como manera de escapar a todo ese torbellino y todo ese sufrimiento. Por supuesto que el cielo es una esperanza maravillosa, pero mientras llega, Dios nos llama a ayudar a los que sufren y a defender la verdad y la justicia.

Por supuesto que el cielo es una esperanza maravillosa, pero mientras llega, Dios nos llama a ayudar a los que sufren y a defender la verdad y la justicia.

El otro error consiste en confiar en que las soluciones políticas, tanto las de derecha como las de izquierda, son las únicas respuestas. Muchos cristianos creen que la elección de su candidato es la que resolverá todos los problemas. Sí, lo hemos dicho. Es importante comprometerse en el ámbito político, pero los políticos no pueden resolver los problemas del corazón.

Por consiguiente, la respuesta no se encuentra en huir, ni tampoco en el activismo político. Consiste en unir al reino con la cruz. En la cruz de Cristo, las personas pueden probar el magnífico amor de Dios. Con un corazón transformado y lleno de perdón, libertad y gozo, reciben una nueva directriz que las lleva a marcar una diferencia en la vida de aquellos que las rodean. Tienen la esperanza del cielo, pero están comprometidas a ver cómo Dios obra para transformar vidas *ahora*.

Esta labor del reino se produce en todos los niveles, desde la familia hasta la escena internacional. Sin embargo, el reino de Dios no es como la derecha y la izquierda dentro del espectro político. No se basa en el poder, sino en la humildad, la verdad y el amor. Cuando los discípulos de Jesús discutieron acerca del poder y compitieron por los puestos de notoriedad en el reino, Él los corrigió: "Los reyes de las naciones se enseñorean de ellas, y los que sobre ellas tienen autoridad son llamados bienhechores; mas no así vosotros, sino sea el mayor entre vosotros como el más joven, y el que dirige, como el que sirve" (Lucas 22:25,26).

El profeta Miqueas explica que muchas veces, los valores de Dios son diametralmente opuestos a los del mundo: "Oh hombre, él te ha declarado lo que es bueno, y qué pide Jehová de ti: solamente hacer justicia, y amar misericordia, y humillarte ante tu Dios" (Miqueas 6:8).

En su sermón más famoso, Jesús amplió este breve resumen hecho por Miqueas. La clase de personas cuyo corazón ha sido transformado por la gracia, son personas humildes ("pobres en espíritu") y compasivas ("lloran"). Tienen el anhelo de representar a Dios de la manera correcta ("tienen hambre y sed de justicia") y de manifestar misericordia hacia los necesitados. Son sensibles al pecado y confiesan sus errores de inmediato ("de limpio corazón"), son agentes de reconciliación ("pacificadores") y están dispuestas a soportar por Cristo el ridículo y la persecución (Mateo 5:1–12).

Las personas que se ponen en la brecha no son aquellas que se limitan a apretar las mandíbulas y esforzarse más. Son hombres y mujeres que han probado la bondad y la grandeza de Dios, se sienten maravillados ante la gracia que Él ha derramado sobre ellos, y tienen la seguridad de que el Rey del universo es digno de su lealtad, su amor y su obediencia. No desertan cuando las cosas se ponen difíciles, ni confían ciegamente en las soluciones políticas. Confían en la gracia de Dios que les fue ganada en la cruz, y tienen la seguridad de que el poder del Espíritu obra en ellos y por medio de ellos para transformar vidas. Combinan una brutal perspectiva realista de los problemas, con una firme esperanza en un Dios amoroso y lleno de poder. Tienen una firme esperanza en el cielo, pero también están activos en la propagación del reino de Dios hoy. Eso es lo que significa ser una persona de la brecha.

Deje que el amor de Jesús derrita su corazón y lo transforme desde dentro hacia fuera. Pruebe la belleza y el poder del Señor, y deje que cultive en usted un espíritu diferente. Solo entonces tendrá la valentía y la fe que hacen falta para ponerse en la brecha todo el tiempo que sea necesario. Solo entonces se sentirá usted motivado por el amor, y no por la competencia.

Solo entonces se deleitará en aquellas cosas que conmueven el corazón de Dios. Solo entonces usted será realmente una de esas personas que se ponen en la brecha por Cristo, por aquellos a quienes Él ama, y por su causa.

PIÉNSALO . . .

1. ¿Por qué era tan importante que Caleb y Josué probaran las uvas cuando fueron como espías a Canaán? ¿De qué manera cambió esto las cosas para ellos? ¿De qué manera las cambió durante los cuarenta años que pasaron en el desierto y durante la conquista de la Tierra Prometida?

2. Si usted hubiera sido uno de los espías, ¿se habría puesto de parte de Josué y Caleb en su informe de fe, o habrían regresado lleno de temores, como los demás? Explique su respuesta.

3. ¿Qué piensa usted que motivaba a Caleb durante los cinco años que luchó por las tierras de otros, en vez de luchar por las suyas?

4. El espíritu de nuestros tiempos consiste en reclamar derechos, buscar diversiones, y hacer las cosas con facilidad. ¿Por qué todo esto resulta tan atractivo? ¿De qué manera perjudica la fe verdadera?

5. Caleb recordaba que Dios le había prometido las tierras de la montaña. ¿Cuáles son esas dos o tres promesas que usted está reclamando, o necesita reclamar, en este momento de su vida?

6. ¿Cómo describiría usted ese "espíritu diferente" que tenía Caleb? ¿Tiene usted ese mismo espíritu? ¿Por qué sí, o por qué no?

7. Dedique un tiempo a pedir a Dios que le dé a probar su gracia y su gloria. ¿Qué puede esperar usted cuando Dios responda esta oración?

8. ¿Qué puede aprender usted de la vida de Caleb?

9. Después de terminar este libro, ¿cuáles son los tres principios, verdades o lecciones más importantes que ha aprendido?

10. En el apéndice hallará el perfil de una persona de la brecha. Responda las preguntas y haga la evaluación.

NOTAS FINALES

1 William Goodhugh, William Cooke Taylor, *The Bible Cyclopedia,* (John W. Parker: London, 1843), 912.

2 Richard Langworth, ed., *Churchill by Himself: The Definitive Collection of Quotations* (Perseus Book Group: New York, 2008), 573.

3 Martin Luther King, Jr., "Letter from a Birmingham Jail," Abril 16, 1963, citado en African Studies Center, Universidad de Pennsylvania, www.africa.upenn.edu/Articles_Gen/Letter_Birmingham.html

4 Elie Wiesel, *Night* (Hill y Wang: New York, 1958), 6–7.

5 Karen H. Jobes, *Esther: The NIV Application Commentary* (Zondervan: Grand Rapids, 1999), 43.

6 Eric Metaxas, *Bonhoeffer: Pastor, Martyr, Prophet, Spy* (Thomas Nelson: Nashville, 2010), 321.

7 "The Martyrdom of Dietrich Bonhoeffer," Travis Wright, October 22, 2013, jesusisthejustice.com/?p=4267

8 Dietrich Bonhoeffer, *Ethics* (Touchstone: New York, 1949), 61.

9 "One in six Americans lives in poverty, new census data reveals—much higher than official rate," *New York Daily News,* Noviembre6,2013,www.nydailynews.com/news/national/poverty-america-affects-residents-article-1.1508965

10 "15 Maps That Show How Americans Use Drugs," Pamela Engel, Gus Lubin and Mike Nudelman, Septiembre 26, 2013, www.businessinsider.com/15-maps-that-show-how-americans-use-drugs-2013-9

11 Prostitution Statistics, sex-crimes.laws.com

12 "11 Facts about Gangs," www.dosomething.org/tipsandtools/11-facts-about-gangs

13 Poverty Facts and Stats, www.globalissues.org/article/26/

14 "11 Facts about Human Trafficking," www.dosomething.org/tipsandtools/11-facts-about-human-trafficking

15 From American Presbyterian Mission, *Memorials of Protestant Missionaries to the Chinese* (Shanghai: American Presbyterian Mission Press, 1867).

16 2013 World Hunger Facts and Statistics, www.worldhunger.org/articles/Learn/world%20hunger%20facts%202002.htm

17 High School Dropout Statistics, www.statisticbrain.com/high-school-dropout-statistics/

18 "Obama Administration Deported Record 1.5 Million People," Corey Dade, Diciembre 24, 2012, www.npr.org/blogs/itsallpolitics/2012/12/24/167970002/obama-administration-deported-record-1-5-million-people

19 N. T. Wright, *Surprised by Hope* (HarperCollins: New York, 2008), 193.

20 Eusebius, *The Church History: Translation and Commentary by Paul L. Maier* (Kregel Publications: Grand Rapids, 2007, from the original, 324), 131.

21 Por las razones de que muchos cristianos están creciendo en este tiempo, lea Rodney Stark, *The Rise of Christianity: How the Obscure, Marginal Jesus Movement Became the Dominant Religious Force in the Western World in a Few Centuries* (San Francisco: HarperSanFrancisco, 1997).

22 Citado por varios autores y sitios de la web, incluyendo a www.messiah.edu/offices/intercultural/multicultural-programs/mlk/

23 Tim Keller, *The Reason for God* (Dutton: New York, 2008), 247.

24 Ascension Research Center, ascension-research.org/teresa.html

25 Corrie ten Boom, *The Hiding Place*, (Hendrickson Publishers: Peabody, Massachusetts, 1971), 50.

26 N. T. Wright, "The Easter Vocation," dirigido en 2006, ntwrightpage.com/sermons/Easter06.htm

27 Elisabeth Elliott, *Passion and Purity* (Fleming Revell: Grand Rapids, 1984), 163–164.

28 "William Tyndale," Christian History, Agosto, 2008, www.christianitytoday.com/ch/131christians/scholarsandscientists/tyndale.html

EL PERFIL DE UNA "PERSONA DE LA BRECHA"

Califique su respuesta a cada afirmación en una escala del 1 al 5. Después de terminar cada sección, sume los puntos de esa característica para tener su total.

Sea sincero cuando responda. Esta es una herramienta para la autoevaluación con el fin de ayudarlo a ver en qué aspectos de su vida Dios ya está obrando... y dónde podría necesitar agusarlo y moldearlo un poco más a usted.

Cuando haya terminado de anotar las puntuaciones y sumar los totales, vaya al final, donde hallará las evaluaciones.

Una persona de la brecha...

Me acerco a las personas necesitadas y trato de ver cómo las puedo ayudar.

Nunca	1
Rara vez	2
A veces	3
Casi siempre	4
Siempre	5

Respondo de manera impulsiva, o para arreglar los problemas de la gente, o para huir de ellos.

Nunca	5
Rara vez	4
A veces	3
Casi siempre	2
Siempre	1

Cuando noto que hay necesidades palpables, dedico un tiempo a analizarlas y buscar la mejor manera de ayudar.

Jamás	1
Tal vez no	2
Quizá	3
Tal vez	4
Seguramente	5

La gente necesitada me incomoda. Trato de alejarme de ellos si puedo.

Nunca	5
Rara vez	4
A veces	3
Casi siempre	2
Siempre	1

Dios me usa para ayudar a la gente en problemas. Tengo todo un historial de servicio a los pobres y necesitados.

Jamás	1
Tal vez no	2
Quizá	3
Tal vez	4
Seguramente	5

TOTAL __________

Sufragar es una molestia demasiado grande.

Jamás	5
Tal vez no	4
Quizá	3
Tal vez	2
Seguramente	1

Estoy consciente de los apremiantes asuntos sociales y políticos que enfrentan nuestra comunidad y nuestra nación.

Jamás	1
Tal vez no	2
Quizá	3
Tal vez	4
Seguramente	5

Trato de convencer a mis amigos para que piensen con claridad y adopten posiciones que honren a Dios.

Jamás	1
Tal vez no	2
Quizá	3
Tal vez	4
Seguramente	5

Le pido a Dios sabiduría para saber marcar una diferencia en los grandes problemas que enfrenta nuestra sociedad.

Nunca	1
Rara vez	2
A veces	3
Casi siempre	4
Siempre	5

Me siento incapaz de cambiar las cosas.

Jamás	5
Tal vez no	4
Quizá	3
Tal vez	2
Seguramente	1

TOTAL __________

Quiero la voluntad de Dios más que cualquier otra cosa en la vida.

Jamás	1
Tal vez no	2
Quizá	3
Tal vez	4
Seguramente	5

Si la gente me observara, podría llegar a la conclusión de que me preocupan mucho más mi reputación y mi comodidad que la causa de Dios.

Nunca	5
Rara vez	4
A veces	3
Casi siempre	2
Siempre	1

Yo sueño despierto sobre las formas en que Dios me podría usar para realizar grandes cosas.

Jamás	1
Tal vez no	2
Quizá	3
Tal vez	4
Seguramente	5

Me es fácil hallar excusas para marcharme cuando siento que Dios me está pidiendo que haga cosas difíciles.

Jamás	5
Tal vez no	4
Quizá	3
Tal vez	2
Seguramente	1

Hago con sinceridad esta oración: "Venga tu reino. Hágase tu voluntad".

Nunca	1
Rara vez	2
A veces	3
Casi siempre	4
Siempre	5

TOTAL ________

Siento que soy hijo escogido y adoptivo de Dios, y lleno de su poder.

Jamás	1
Tal vez no	2
Quizá	3
Tal vez	4
Seguramente	5

En realidad, no creo que Dios me haya llamado a mí a ser o hacer nada importante.

Jamás	5
Tal vez no	4
Quizá	3
Tal vez	2
Seguramente	1

La gente dice que puede ver a Dios obrar en mí y por medio de mí.

Nunca	1
Rara vez	2
A veces	3
Casi siempre	4
Siempre	5

Dios me ha encomendado una tarea clara y apremiante que realizar.

Jamás	1
Tal vez no	2
Quizá	3
Tal vez	4
Seguramente	5

En el pasado, sentía que Dios me había escogido para hacer algo grande por Él, pero ya no.

Jamás	5
Tal vez no	4
Quizá	3
Tal vez	2
Seguramente	1

TOTAL __________

Me mantengo alejado de los pobres, los adictos, las prostitutas, los inmigrantes y otros indeseables.

Nunca	5
Rara vez	4
A veces	3
Casi siempre	2
Siempre	1

Puedo ver más allá de lo superficial, hasta el corazón de una persona.

Jamás	1
Tal vez no	2
Quizá	3
Tal vez	4
Seguramente	5

Dios me ha usado para transformar por completo la vida de alguien.

Jamás	1
Tal vez no	2
Quizá	3
Tal vez	4
Seguramente	5

Creo que toda persona tiene un valor intrínseco, por lejos que haya caído.

Jamás	1
Tal vez no	2
Quizá	3
Tal vez	4
Seguramente	5

Darles dinero y tiempo a los pobres y los adictos es desperdiciar los recursos.

Jamás	5
Tal vez no	4
Quizá	3
Tal vez	2
Seguramente	1

TOTAL ________

Mi filosofía es "Sigue la corriente para que te lleves bien con todos". Lo mejor es que haya calma.

Jamás	5
Tal vez no	4
Quizá	3
Tal vez	2
Seguramente	1

Yo le hablo de Dios a mi familia, mis amigos, vecinos y compañeros de trabajo.

Nunca	1
Rara vez	2
A veces	3
Casi siempre	4
Siempre	5

Si tengo que escoger entre proteger mi reputación y defender a Dios, escojo mi reputación.

Jamás	5
Tal vez no	4
Quizá	3
Tal vez	2
Seguramente	1

Los valores de Dios son los más importantes para mí.

Jamás	1
Tal vez no	2
Quizá	3
Tal vez	4
Seguramente	5

Estoy dispuesto a adoptar una posición sobre un asunto social aunque no sea la más popular.

Nunca	1
Rara vez	2
A veces	3
Casi siempre	4
Siempre	5

TOTAL __________

Cuando leo la Biblia, siento que Dios me está hablando de verdad.

Nunca	1
Rara vez	2
A veces	3
Casi siempre	4
Siempre	5

Cuando oigo que otras personas hablan acerca de una relación real con Dios, me siento escéptico.

Jamás	5
Tal vez no	4
Quizá	3
Tal vez	2
Seguramente	1

Cuando oro, sé que estoy en el salón del trono de Dios, hablando con el Rey, quien también es mi Padre.

Jamás	1
Tal vez no	2
Quizá	3
Tal vez	4
Seguramente	5

Yo no le saco ningún provecho a la Biblia.

Nunca	5
Rara vez	4
A veces	3
Casi siempre	2
Siempre	1

Amo a Dios. Quiero conocerlo y servirle más cada día.

Nunca	1
Rara vez	2
A veces	3
Casi siempre	4
Siempre	5

TOTAL __________

La gente ve en mí a una persona en la que se puede confiar.

Jamás	1
Tal vez no	2
Quizá	3
Tal vez	4
Seguramente	5

Mi vida se caracteriza porque ando siempre distraído y a la deriva.

Nunca	5
Rara vez	4
A veces	3
Casi siempre	2
Siempre	1

Cuando alguien acude a mí con sus problemas, le hago preguntas y lo escucho detenidamente antes de hacerle sugerencias.

Jamás	1
Tal vez no	2
Quizá	3
Tal vez	4
Seguramente	5

Mi oración es muy sencilla: "Señor, úsame".

Nunca	1
Rara vez	2
A veces	3
Casi siempre	4
Siempre	5

No me importa lo que la gente piense de mí. Yo soy mi propio dueño, y hago lo que quiero hacer.

Nunca	5
Rara vez	4
A veces	3
Casi siempre	2
Siempre	1

TOTAL __________

Mi vida se caracteriza por el gozo espiritual, la esperanza, el amor y el poder.

Nunca	1
Rara vez	2
A veces	3
Casi siempre	4
Siempre	5

Cuando sirvo a la iglesia y ayudo a la gente, siento que Dios se complace en lo que hago.

Nunca	1
Rara vez	2
A veces	3
Casi siempre	4
Siempre	5

Estoy más interesado en mi poder, que en el de Dios; en mi comodidad que en el hecho de que Dios me use, y en mi prestigio más que en la gloria de Dios.

Jamás	5
Tal vez no	4
Quizá	3
Tal vez	2
Seguramente	1

En mi vida y mi adoración veo manifestaciones claramente definidas del Espíritu.

Jamás	1
Tal vez no	2
Quizá	3
Tal vez	4
Seguramente	5

Me encanta escuchar mientras la gente relata historias sobre la manera en que Dios la está usando para cambiar vidas.

Nunca	1
Rara vez	2
A veces	3
Casi siempre	4
Siempre	5

TOTAL __________

Me asombra que Dios quiera usar alguien como yo para satisfacer las necesidades de otros y transformar sus vidas.

Jamás	1
Tal vez no	2
Quizá	3
Tal vez	4
Seguramente	5

Mi obediencia a Dios es un desbordamiento de mi amor a Dios.

Jamás	1
Tal vez no	2
Quizá	3
Tal vez	4
Seguramente	5

He trabajado arduamente para Dios. Merezco recibir de Él mucho más de lo que tengo.

Jamás	5
Tal vez no	4
Quizá	3
Tal vez	2
Seguramente	1

Para mí, la obediencia solo consiste en anotar puntos con Dios. Es algo muy monótono.

Jamás	5
Tal vez no	4
Quizá	3
Tal vez	2
Seguramente	1

Más que ninguna otra cosa, yo quiero honrar a Dios y agradarle, porque he experimentado su gracia...

Jamás	1
Tal vez no	2
Quizá	3
Tal vez	4
Seguramente	5

TOTAL __________

EVALUACIÓN

Anote su puntuación en cada uno de los rasgos.

Identifica los problemas que debe resolver: ______
Comprende sus tiempos: ______
Se lo juega el todo por el todo, sin importarle el precio: ______
Es ungido por Dios para hacer su obra: ______
Puede ver el potencial escondido en las personas: ______
Está dispuesto a arriesgarse: ______
Es sensible a la voz de Dios: ______
Es conocido por su sabiduría y fortaleza: ______
Tiene un "espíritu diferente" (el Espíritu Santo): ______
Se siente motivado por el Evangelio de la gracia: ______

Sume el total de sus puntuaciones para los 10 rasgos: ______

PUNTUACIÓN GENERAL

175 a 250 puntos: ¡Usted es una persona de la brecha! ¡O Dios lo está usando de una manera formidable para ponerse en la brecha y ayudar a los débiles, los vulnerables y en peligro, o decididamente, quiere que Dios lo use!

100 a 170 puntos: Tiene ciertas características significativas de una persona que se quiere poner en la brecha, pero es posible que le falten otras. Analice su motivación, su preparación o sus oportunidades. Además, es posible que se distraiga fácilmente con otras ocupaciones. Haga una detallada evaluación y haga los cambios necesarios. No se pierda la oportunidad de ser socio de Dios en la transformación de las vidas.

Menos de 100 puntos: Usted tiene trabajo que hacer, tanto en su interior como externamente. Dedique tiempo a la oración. Pida a Dios que lo renueve con su gracia, y que comparta con usted lo que Él siente en su corazón por los necesitados que le rodean. Confíe en que Él le dará la sabiduría y el valor necesario para dar audaces pasos de fe.

RASGOS ESPECÍFICOS

¿En cuáles de los diez rasgos tuvo una puntuación entre 15 y 25?

¿Diría usted que se trata de características de su vida que son observables y probadas?

¿Qué está haciendo ahora para acentuar y usar esos rasgos?

¿Qué puede hacer para ser más eficaz aún en cada uno de ellos?

¿En cuáles de los rasgos tuvo una puntuación de 10 o menos?

¿Qué necesita usted hacer para ser más dedicado, talentoso y eficaz en esos aspectos?

Al evaluar su "Perfil de una persona de la brecha", ¿qué ha podido observar?

¿Cuál será su próximo paso?

EL USO DE *EN LA BRECHA* EN CLASES Y GRUPOS

Este libro ha sido escrito para el estudio individual, en pequeños grupos, o en una clase. La mejor manera de absorber y aplicar estos principios es que cada persona los estudie individualmente y conteste las preguntas al final de cada capítulo para después conversar en una clase o en un grupo.

Las preguntas de cada capítulo tienen el fin de promover la reflexión, la aplicación, y la discusión. Pida suficientes libros para que cada uno en la clase tenga una copia. Sugiero que entre esposos, cada uno tenga su propio libro para que cada uno anote sus propias reflexiones.

Recomendación de horario para un pequeño grupo o una clase:

Semana 1

Presente el material. Como líder de grupo, cuente su testimonio de cómo ha encontrado y cumplido la visión de Dios. Hable de las espectativas que tiene para el grupo, y entregue un libro a cada persona. Anime a los participantes a que cada semana lean el capítulo asignado y contesten las preguntas.

Semana 2–10

Cada semana, presente el tema y testifique de cómo Dios ha usado en su propia vida los principios. En pequeños grupos, guíe a los participantes en una conversación en torno a las preguntas al final del capítulo. En la clase, presente el principio de cada capítulo, use ilustraciones personales, y promueva el intercambio de ideas.

PERSONALICE CADA LECCIÓN

No se sienta presionado a cubrir cada pregunta en la discusión de grupo. Escoja tres o cuatro que hayan impacto su vida, y céntrese en esas, o pida a personas en el grupo que den sus respuestas a las preguntas que durante la semana tuvieron mayor significado para ellos.

Asegúrese de que personaliza los principios y las aplicaciones. Por lo menos una vez en cada reunión de grupo, añada una historia personal para ilustrar cierto punto.

Haga que las Escrituras cobren vida. Muchas veces leemos la Biblia como si fuera una guía telefónica, con poca o ninguna emoción. Pinte un cuadro vivo. Dé información acerca del contexto del encuentro con Dios, y ayude a las personas en su clase o su grupo a que comprendan los sentimientos de ciertas personas en cada escena.

CÉNTRESE EN LA APLICACIÓN

Las preguntas al final de cada capítulo y la manera en que usted motive a las personas ayudará a su grupo a dar pasos grandes en la aplicación de los principios que están aprendiendo. Dígales cómo usted cada semana está aplicando los principios de ciertos capítulos, y anímelos a que ellos también den pasos de crecimiento.

TRES CLASES DE PREGUNTAS

Si usted ya tiene experiencia en trabajo con grupos, entiende la importancia de usar preguntas abiertas para estimular el intercambio de ideas. Hay tres clases de preguntas: las *restrictivas,* las que *sugieren* una *respuesta,* y las *abiertas*. La mayoría de las preguntas al final de cada lección son abiertas.

Preguntas restrictivas: la respuesta a esta pregunta es obvia, tal como: "¿Qué dice Jesús de sí mismo en Juan 10:11?" Esta pregunta no estimula la reflexión ni la discusión. Si quiere usar preguntas como ésta, siga luego con una pregunta abierta que estimule el pensamiento.

Preguntas que sugieren la respuesta: el oyente responde lo que el líder tiene en mente, tal como: "¿Por qué en Juan 10 Jesús usó la metáfora de un pastor?" (Probablemente se refirió a un pasaje en Ezequiel, pero muchas personas no saben eso.) El maestro que hace una pregunta que sugiere la respuesta tiene en mente una respuesta acertada. En vez de hacer esa clase de pregunta, usted más bien debe enseñar ese punto y tal vez hacer una pregunta abierta acerca de lo que acaba de enseñar.

Preguntas abiertas: generalmente no hay respuesta correcta o incorrecta. Estimulan el pensamiento y no son amenazantes porque la persona nunca sentirá que ha respondido mal. Estas preguntas a menudo comienzan con: "¿Por qué piensa usted que . . .?" o "¿Cuáles son algunas razones de que . . .?" o "¿Cómo usted se habría sentido?"

PREPARACIÓN

En su preparación para la clase, considere los siguientes pasos:

1. Lea atentamente este libro. Haga anotaciones, subraye secciones clave, citas o historias, y complete la sección de reflexión al final de cada capítulo. Esto lo familiarizará con todo el alcance del contenido.

2. Mientras se prepara para la sesión de cada semana, lea nuevamente el capítulo correspondiente y haga más anotaciones.

3. Adapte el contenido al tiempo que tenga disponible. No tendrá tiempo para cubrir todas las preguntas, así que escoja las que son más pertinentes.

4. Añada sus propias historias para personalizar el mensaje y causar una mayor impresión.

5. Antes y durante su preparación, pida a Dios que le dé sabiduría, claridad, y poder. Confíe que Él transformará la vida de quienes participan en su grupo.

6. La mayoría sacará más provecho del grupo si lee el capítulo y completa la reflexión cada semana. Pida los libros antes que comience las sesiones del grupo o la clase, o después de la primera semana.

ACERCA DEL AUTOR

Conocido por todos como el "Pastor Choco", Wilfredo de Jesús es el Pastor principal de la iglesia New Life Covenant, en Chicago. Bajo el liderazgo del Pastor Choco, New Life Covenant se ha convertido en la iglesia más grande de la Fraternidad de las Asambleas de Dios.

Wilfredo nació y creció en la comunidad de Humboldt Park, en Chicago. Cuando tenía diecisiete años, recibió a Jesús como Señor y Salvador en una pequeña iglesia pentecostal de habla hispana de la comunidad. A partir de aquel momento, su vida quedó transformada para siempre.

Permaneció en aquella misma iglesita durante veinte años, antes de ser nombrado Pastor Principal en julio del año 2000. Desde entonces, la iglesia ha crecido de una asistencia semanal de ciento veinte personas a diecisiete mil a nivel mundial a través de la fundación de iglesias y más de ciento treinta ministerios que alcanzan a los más necesitados de la sociedad: los quebrantados de corazón, los pobres, los que carecen de un techo, las prostitutas, los drogadictos y los miembros de las pandillas.

El Rvdo. de Jesús ha cumplido un papel clave en el desarrollo de diversos programas comunitarios, como New Life Family Services, que opera un refugio para personas que no tienen hogar, destinado a mujeres con hijos. Otros ministerios vitales de su iglesia son Chicago Master's Commission, un programa intensivo de discipulado para estudiantes de los primeros años de universidad, y el Chicago Dream Center, que ofrece diversos programas y servicios para ayudar a las personas y a las familias a alcanzar un punto en que se puedan bastar por sí mismas, superando las pobrezas y sus duros efectos.

En 2012, Wilfredo publicó su primer libro, Fe Asombrosa, en el cual da a conocer la historia y el mensaje de su vida: "Nadie está demasiado perdido, ni es demasiado malo, o está demasiado herido, o su condición es demasiado imposible. Cuando rendimos estas cosas, Dios llena nuestro corazón con su amor, su fuerza, y su propósito, y nos sentimos completos en Él".

En abril de 2013, De Jesús fue mencionado por la revista TIME como una de las cien personas más influyentes del mundo, y reconocido por su liderazgo y su influencia en medio del público evangélico e hispano. Él quiere que los demás comprendan que lo que ha alcanzado se basa en una vida dedicada a Dios y a sus propósitos. ¡En otras palabras, cualesquiera que hayan sido sus logros, la gloria es de Dios!

De Jesús es muy solicitado como conferencista motivador para diversas reuniones de las iglesias, conferencias de líderes y asambleas en toda la nación, y también en el extranjero. Reside en la comunidad de Humboldt Park, en Chicago, con su esposa Elizabeth. Tienen tres hijos: Alexandria, Yesenia y Wilfredo Jr.

pastorwilfredodejesus

@PastorChoco

pastorchoco

OTROS RECURSOS DE WILFREDO DE JESÚS

En la brecha, libro (Spanish) 978-1-93830-992-2
En la brecha, ePDF (Spanish) 978-1-93830-993-9
En la brecha, epub (Spanish) 978-1-93830-994-6
En la brecha, guía de estudio (Spanish) 978-1-62912-098-0

In the Gap book (English) 978-1-93830-989-2
In the Gap ePDF (English) 978-1-93830-990-8
In the Gap epub (English) 978-1-93830-991-5
In the Gap study guide (English) 978-1-62912-097-3

Fe asombrosa, libro (Spanish) 978-1-93783-058-8
Fe asombrosa, ePDF (Spanish) 978-1-93783-059-5
Fe asombrosa, epub (Spanish) 978-1-93783-060-1

Amazing Faith book (English) 978-1-93669-995-7
Amazing Faith ePDF (English) 978-1-93669-996-4
Amazing Faith epub (English) 978-1-93669-997-1

Para mayor información acerca de estos libros visite www.influenceresources.com